БИБЛИОТЕКА ВЕК: ПОЭТ И ВРЕМЯ

ВЫПУСК
5

СЕРГЕЙ ЕСЕНИН

Стихотворения и поэмы

Москва
«Молодая гвардия»
1989

ББК 84Р7
Е 82

Составитель,
автор вступительной статьи
и примечаний
Сергей Кошечкин

Оформление библиотеки
Елены Ененко

Иллюстрации
Юрия Космынина

Е $\frac{4702010202-149}{078(02)-89}$ 213—88

ISBN 5-235-00197-4

© Издательство
«Молодая гвардия»,
1989 г.

БЫТЬ ПОЭТОМ...

Они навсегда запечатлены в памяти людей — высокие даты календаря мировой поэзии. Среди них — 3 октября. Утром этого осеннего ветреного дня в 1895 году родился Сергей Александрович Есенин. Произошло это в старинном селе Константинове, что протянулось по правому берегу Оки, неподалеку от Рязани.

Судьбе было угодно, чтобы на земле Есенин пробыл немногим более тридцати лет. Десять из них он верой и правдой служил поэзии.

Сколько критиков толковало о загадке редчайшей популярности Есенина, а, собственно, загадки-то и не было. Талант душевной распахнутости, искренности, обаяния природа соединила в одном человеке с поразительным даром слышать музыку времени, чувствовать красоту мира, жить, «волнуясь сердцем и стихом». Такое случается, может, раз в столетие, а то и реже.

Ему на роду была написана судьба поэта. Чуткие к песенному слову люди понимали это с первого же знакомства с его стихами. Так, Александр Блок после встречи с молодым рязанцем говорил петроградскому литератору:

— Если хотите увидеть подлинного поэта, заходите завтра вечером ко мне. У меня будет читать стихи Сергей Есенин.

Вспоминает Сергей Городецкий: «С первых же строк мне было ясно, какая радость пришла в русскую поэзию».

Максим Горький заметил: «Сергей Есенин не столько человек, сколько орган, созданный природой исключительно для поэзии...»

Сам Есенин хорошо понимал, какой чудесный дар носил он в себе, знал, чтó такое — быть поэтом. «...Жизнь моя за песню продана»,— сказал он однажды, и это не было только красивой фразой.

Время неумолимо, его суд над словом художника не дано смягчить никакому защитнику. Сколько книг, поначалу имевших успех у читателей, а то и отмеченных — казалось, по достоинству — наградами, ушло и уходит в небытие. Книгам Есенина выпал иной жребий.

«Эта песня в сердце отзовется»,— написал он о своих стихах и поэмах. Так оно и получилось. Песня Есенина всегда находила живой отклик в людских душах, была их доброй спутницей и в радости и в печали. С годами она не только не старилась и не увядала, а словно бы молодела, открывала свои заветные тайники, обретала новые краски, новые оттенки. В наши дни мы являемся свидетелями всенародной любви к Есенину, его мировой славы.

Есенинские стихи и поэмы переведены на многие языки народов братских республик, стал традиционным Всесоюзный Есенинский праздник поэзии. Стихи поэта издаются в странах социализма, а также в Америке, Франции, Англии.

«Есенин — один из величайших поэтов мира, один из честнейших поэтов мира...— сказал большой турецкий поэт Назым Хикмет.— Мы должны учиться у него честности, ничего не скрывая от Родины».

Из дальних и близких уголков нашей страны, со всех континентов планеты почитатели творчества Есенина приезжают в село Константиново — в Музей-заповедник поэта. Что сюда приводит людей? Любовь к великому певцу России, желание сердцем прикоснуться к истокам его жизни, его поэзии.

В своих автобиографиях и стихах Есенин не раз писал, что он — сын крестьянина. В его представлении этот факт имел немаловажное значение. Поэт как бы подчеркивал: он — человек от земли, его корни в народе, в глубинах народного бытия. Это была надежная опора для осуществления заветной мечты — стать «певцом и глашатаем» России, земли родной, благословенной.

Он рос среди коренных русских пахарей, испокон веков лелеющих «чёрную, пóтом пропахшую выть», знающих цену каждому колоску в поле, каждой травинке на лугу. От вечного труженика-крестьянина передалась будущему поэту сыновняя привязанность к родной земле, ее озерам и рощам, рассветам и закатам. От простых и открытых сердец перешли к нему «нежность грустная русской души», милосердие к людям, сочувствие всему живому, затаенная боль о быстротечности молодости...

При жизни поэта многие читатели ждали его новых стихов, как писем от близкого, родного человека. Людям хотелось знать, что думает он о человеческом бытии, чему радуется, о чем печалится... И ожидания их не были напрасными: ведь и самому поэту казалось, что стихи он пишет только для верных друзей.

Тональность есенинских произведений многообразна. Но, пожалуй, самая пронзительная интонация — в стихах-раздумьях, в стихах, обращенных к другу или как бы произносимых в его присутствии. Ведь когда поэт говорит: «дорогая, сядем рядом...», это звучит приглашением к сопереживанию и для друга-читателя. Тут можно быть откровенным, вынимать себя «на испод»: друг всегда поймет, разделит твои радости и невзгоды, сочувствием облегчит тяжелые минуты. «Всю душу выплещу в слова»,— сказал поэт, когда впервые «схлестнулся» с рифмой, и этому стремлению оставался верен и в юные и в зрелые годы. А душа его была чутка к болям и радостям времени, самое личное, самое сокровенное несло в себе их отзвук.

На его коротком веку произошло три войны и три революции. Среди крупных событий одно было исключительного для судеб России и всего мира значения — Великая Октябрьская социалистическая революция. «Суровые, грозные годы» наложили глубочайший отпечаток на его жизнь и на его творчество. «В сонме бурь неповторимые я вынес впечатленья»,— заметил он позже.

В Октябрьской революции Есенин увидел осуществление извечной мечты крестьянина о воле, о справедливости, о земле с «среброзлачным урожаем». Ему был по душе очистительный вихрь, промчавшийся по всей стране, поднявший ее к жизни небывалой и волнующей. «Сойди, явись нам, красный конь! Впрягись в земли оглобли»,— писал он в те годы. Красный конь — олицетворение силы, молодой и могучей, способной на действия вселенского размаха. И потому так смело обращение поэта: «За эти тучи, эту высь скачи к стране счастливой».

Доскакать до намеченной цели оказалось непросто.

Когда думаешь о драматических переживаниях Есенина в 1919—1922 годах, о его растерянности в условиях разрухи, голода, контрреволюционных заговоров, иностранной интервенции, нэпа, нельзя не сочувствовать ему, оказавшемуся в «узком промежутке» и поведавшем об этом в стихах, пронзительных и беспощадных. Уход от сложностей жизни в кабак, как и следовало ожидать, не только не принес облегчения, а, наоборот, усугубил трагизм положения. И поэт нашел в себе силы, чтобы «избежать паденья с кручи» и выбраться из «логова жуткого» на свежий воздух.

Нет, никогда не шел он по жизни этаким розовощеким бодрячком, ничем не встревоженным, ко всему, кроме собственной персоны, равнодушным. Ему была хорошо известна цена рифмованным строчкам о пустяках.

> Я о своем таланте
> Много знаю.
> Стихи — не очень трудные дела.
> Но более всего
> Любовь к родному краю
> Меня томила,
> Мучила и жгла.

Вот позиция поэта — истинного сына Отечества! В горе и счастье, в печали и радости — всегда быть с народом, постоянно ощущать свою причастность к его делам и думам, к судьбе отчей земли, ее лесов и пашен...

Любовь к родному краю немыслима без любви к природе. «До радости, до боли» близки поэту российские просторы, которым нет ни конца, ни края — «только синь сосет глаза». Деревья, цветы, травы, реки, зори — во всем открывает он «душу живую», со всеми в родстве, всем поверяет свои заветные думы, а «друзья» ему — свои. Голос поэта как бы сливается с живыми голосами природы. В его стихах «темным елям снится гомон косарей», «тихо плачет на болоте выпь», «заря окликает другую»... Его образы живописны и неожиданны: «Прибрела весна, как странница, с посошком, в лаптях берестяных...» Или: «Осень — рыжая кобыла — чешет гриву».

У Есенина трудно найти чисто пейзажные стихотворения, у него пейзаж растворен в самом лиризме. «Отцвела моя белая липа, отзвенел соловьиный рассвет» — это сожаление о минувшей молодости и своеобразный пейзаж одновременно. То же слияние переживания и пейзажа происходит в строке: «На душе — лимонный свет заката...»

С нежностью и состраданием поэт относится ко всем живым существам. «Для зверей приятель я хороший»,— полушутя-полусерьезно обронил он в одном стихотворении. Ему как бы открыты души животных, он понимает их чувства, переживания. Кому из читателей поэзии неизвестны стихи Есенина о корове, покорно ждущей своего последнего часа? О собаке, у которой отняли и утопили семерых щенят... О смертельно раненной лисице, приковылявшей на раздробленной ноге к норе,— «желтый хвост упал в метель пожаром...». Стихотворения о животных? Да, но не только о них. За их переживаниями видятся человеческая печаль, человеческое горе.

Мир природы был для Есенина тем неисчерпаемым источником, откуда он брал поэтические слова и образы. «Я по первому снегу бреду, в сердце ландыши вспыхнувших сил...» — начинает он стихотворение 1917 года, и рождается образ душевной чистоты, внутреннего подъема. Ожидается новое, возвышенное. Ведь неспроста и заснеженная равнина кажется такой необыкновенной: «Может, вместо зимы на полях это лебеди сели на луг».

В «Преображении» поэт радуется «светлому гостю» — этот образ он соотносит с революцией, когда «под плугом бури ревет земля». Некоторые стихи Есенина тех лет трудно читать про себя — они просятся на голос, чтоб взлететь над площадями, перекликаться с громами. И как ни густа в них библейская символика, с ней достойно спорят образы, от которых нити тянутся опять-таки к природе, к бытию человека на земле.

«Как прекрасна земля и на ней человек...» Этот проникновенный вздох Есенина рожден великой нежностью к родине. В нем нашло свое продолжение чувство, искони присущее русской литературе. Вспомним древнего летописца: «О светло светлая и красно украшенная земля Русская!» Или героев Горького: «Человек — это звучит гордо!» и «Красота какая... Как земля богата, как много на ней удивительного живет».

Мечтая с юных лет «в счастье ближнего поверить», Есенин до конца дней своих пронес страстное желание видеть всех людей достойными нечаянной радости — жить на земле. И потому так неподдельно искренен его душевный жест:

> Каждый труд благослови, удача!
> Рыбаку — чтоб с рыбой невода,
> Пахарю — чтоб плуг его и кляча
> Доставали хлеба на года.

Светло раздумье поэта о тех, что «сердцем опростели под веселой ношею труда». И только в конце стихотворения выплескивается тихая боль: собственная жизнь складывается иначе...

Душа поэта знала взлеты и падения, тихую радость и смертельную тоску, тепло дружбы и горечь разочарований... «Был я весь — как запущенный сад»,— вспоминал он пережитое. Его нередко посещали усталость, подавленное настроение. И тогда рождались стихи, полные неизбывной боли, сожаления о напрасно растраченной молодости, чувства одиночества.

Он знал, где можно вновь обрести силу духа. «Тянусь к людям», «люблю людей», признается поэт, и в этих словах — глубинная суть его личности. Поэзию Есенина можно назвать поэзией человеческого общения, братского родства людей, украшающих собой матерь-землю.

Свою любовь к трудовому крестьянству, восхищение характером русского человека он вложил и в образы Пугачева, его верного сподвижника Хлопуши. Ради людей Емельян пошел на тяжкие муки — «опушил себя чуждым именем» и даже думать не мог, что платой за его страдания будет черное предательство. В самые трагические минуты он думает о тех, кому так и не смог помочь обрести желанную волю: «Дорогие мои... дорогие... хор-рошие...»

Героический дух народных заступников прошлого ожил в сердцах красных воинов — защитников молодой республики от врагов революции. В их усталые лица вглядывается певец-сказитель из «Песни о великом походе»:

Спи, корявый мой!
Спи, хороший мой!

С теплой улыбкой смотрит поэт на хромого красноармейца, что односельчанам «рассказывает важно о Буденном, о том, как красные отбили Перекоп». Слово-то какое найдено: «важно»!

По сердцу Есенину комиссар сибирских золотых приисков Рассветов — один из главных персонажей драматической поэмы «Страна негодяев». Еще до революции обстоятельства забросили Рассветова за океан. В Америке, по его наблюдениям, капитализм опустошил душу человека, поставив превыше всего доллар.

В России Советская власть, социализм должны возвысить человека, ибо ради его счастья и свершилась революция. Так говорит Рассветов, и поэт на стороне этого убежденного коммуниста, собранного, волевого человека.

Есенину собственными глазами довелось увидеть мир чистогана и наживы. Очерк об Америке он озаглавил иронически — «Железный Миргород». Осуждая мещанство и бездуховность, Есенин отдавал должное американской индустрии, таланту людей труда. Ему захотелось и в родной стране, в Советской России, увидеть «сеть шоссе и железных дорог». Маяковский не ошибся, когда заметил: «Есенин вернулся из-за границы с ясной тягой к новому».

Раздумья о судьбах Родины и ее народа не могли не привести и привели поэта к Ленину. Есенин был в числе тех художников, которым удалось создать живой образ Владимира Ильича в поэзии — образ гения революции, простого, скромного человека.

Я счастлив тем,
Что сумрачной порою

> Одними чувствами
> Я с ним дышал
> И жил.

Сколько уважения, любви, веры, благородства за этим «Я счастлив»!

Боец, важно рассуждающий о Перекопе, портрет Ленина на стенном календаре, шустрая девчонка-школьница над книгой «Капитал», крестьянские думы: «С Советской властью жить нам по нутрю...» — приметы нового замечал поэт повсюду. Это были добрые приметы. Путь в будущее ему открывался через «каменное и стальное».

И тут же о себе: «Я не знаю, что будет со мною...» Мысли снова тянутся к отчему крову.

Из самого заветного уголка души вырывается слово, обращенное к той, что дала ему жизнь,— к матери. «Ты жива еще, моя старушка?» Это уже и не стихи, а сама собою изливающаяся ласка. Будет по-прежнему — знакомый дом, белый весенний сад, тихое утро; ведь есть на свете ты — помощь, отрада, несказанный свет... Мать в лирике Есенина — не только до слез дорогой человек, но и образ душевного спокойствия, тихой радости, надежды... За этим образом встают родина, Россия, ее трудолюбивый и сердечный народ.

«Ты — мое васильковое слово...» — это о сестре. Целый мир поэзии вызывает одно сравнение. Есенин хорошо знал, что только мысль и чувство делают стих молодым и ярким, красивым и сильным.

Глубочайшим лиризмом пронизаны его стихи о любви к женщине. Любовь пылкая, безоглядная, любовь, помогающая познать всю полноту и прелесть жизни, нашла в Есенине певца страстного и вдохновенного. Многие его строки охвачены «голубым пожаром», в котором не только живая горячая боль, но и очищающий душу огонь, «светлая тайна».

Песней жизни и любви можно назвать стихотворения,

составившие цикл «Персидские мотивы», этот романтический сон о «шафранном крае», о радости любви, быстротечности счастья, о вечном зове родимого края. В цикле во всей своей свежести проявилась удивительная есенинская цветопись, тончайшая инструментовка стиха.

«Персидские мотивы» создавались в период, когда поэт жил в Грузии и Азербайджане. Это были плодотворнейшие и счастливейшие месяцы.

Стихи и поэмы, написанные под благодатным небом Кавказа, венчает самая знаменитая поэма Есенина «Анна Снегина». В ней как бы сошлись пути всех его творческих исканий. Эпос и лирика здесь слились в один сплав. Поэма со всей очевидностью показала: углубление миропонимания вело к утверждению в есенинских стихах классической пушкинской простоты, первозданной ясности художественных средств, гармонии настроения со звучанием каждого слова.

Талант Есенина мужал на редкость стремительно. За десять лет он достиг высот изумительных.

Это не значит, что каждая строчка в его стихах художественно совершенна. Тонкий вкус иногда изменял поэту.

Но все это в эмоциональной атмосфере стихотворений не замечается. Сила, полнота чувства, воплощенные в слове, в музыке стиха, захватывают в плен читателя и вызывают ответный отклик самых трепетных струн сердца.

«...Не зазвучать с тобою невозможно»,— признавался Есенину один литератор еще при жизни поэта.

И ныне, спустя более шести десятилетий после гибели великого русского лирика, мы можем повторить эту фразу, не меняя в ней ни слова.

Ибо это — правда.

И правда — надолго.

Сергей КОШЕЧКИН

Стихотворения и поэмы

*

Гой ты, Русь, моя родная,
Хаты — в ризах образа...
Не видать конца и края —
Только синь сосет глаза.

Как захожий богомолец,
Я смотрю твои поля.
А у низеньких околиц
Звонно чахнут тополя.

Пахнет яблоком и медом
По церквам твой кроткий Спас.
И гудит за корогодом
На лугах веселый пляс.

Побегу по мятой стежке
На приволь зеленых лех,
Мне навстречу, как сережки,
Прозвенит девичий смех.

Если крикнет рать святая:
«Кинь ты Русь, живи в раю!»
Я скажу: «Не надо рая,
Дайте родину мою».

1914

*

Черная, потом пропахшая выть!
Как мне тебя не ласкать, не любить?

Выйду на озеро в синюю гать,
К сердцу вечерняя льнет благодать.

Серым веретьем стоят шалаши,
Глухо баюкают хлюпь камыши.

Красный костер окровил таганы,
В хворосте белые веки луны.

Тихо, на корточках, в пятнах зари
Слушают сказ старика косари.

Где-то вдали, на кукане реки,
Дремную песню поют рыбаки.

Оловом светится лужная голь...
Грустная песня, ты — русская боль.

1914

*

Край ты мой заброшенный,
Край ты мой, пустырь.
Сенокос некошеный,
Лес да монастырь.

Избы забоченились,
А и всех-то пять.
Крыши их запенились
В заревую гать.

Под соломой-ризою
Выструги стропил,
Ветер плесень сизую
Солнцем окропил.

В окна бьют без промаха
Вороны крылом,
Как метель, черемуха
Машет рукавом.

Уж не сказ ли в прутнике
Жисть твоя и быль,
Что под вечер путнику
Нашептал ковыль?

1914

*

Выткался на озере алый свет зари.
На бору со звонами плачут глухари.

Плачет где-то иволга, схоронясь в дупло.
Только мне не плачется — на душе светло.

Знаю, выйдешь к вечеру за кольцо дорог,
Сядем в копны свежие под соседний стог.

Зацелую допьяна, изомну, как цвет,
Хмельному от радости пересуду нет.

Ты сама под ласками сбросишь шелк фаты,
Унесу я пьяную до утра в кусты.

И пускай со звонами плачут глухари.
Есть тоска веселая в алостях зари.

1910 ⟨?⟩

В ХАТЕ

Пахнет рыхлыми драченами;
У порога в дежке квас,
Над печурками точеными
Тараканы лезут в паз.

Вьется сажа над заслонкою,
В печке нитки попелиц,
А на лавке за солонкою —
Шелуха сырых яиц.

Мать с ухватами не сладится,
Нагибается низко́,
Старый кот к махотке крадется
На парное молоко.

Квохчут куры беспокойные
Над оглоблями сохи,
На дворе обедню стройную
Запевают петухи.

А в окне на сени скатые,
От пугливой шумоты,
Из углов щенки кудлатые
Заползают в хомуты.

1914

РУСЬ

1

Потонула деревня в ухабинах,
Заслонили избенки леса.
Только видно, на кочках и впадинах,
Как синеют кругом небеса.

Воют в сумерки долгие, зимние,
Волки грозные с тощих полей.
По дворам в погорающем инее
Над застрехами храп лошадей.

Как совиные глазки, за ветками
Смотрят в шали пурги огоньки.
И стоят за дубровными сетками,
Словно нечисть лесная, пеньки.

Запугала нас сила нечистая,
Что ни прорубь — везде колдуны.
В злую заморозь в сумерки мглистые
На березках висят галуны.

2

Но люблю тебя, родина кроткая!
А за что — разгадать не могу.
Весела твоя радость короткая
С громкой песней весной на лугу.

Я люблю над покосной стоянкою
Слушать вечером гуд комаров.
А как гаркнут ребята тальянкою,
Выйдут девки плясать у костров.

Загорятся, как черна смородина,
Угли-очи в подковах бровей.
Ой ты, Русь моя, милая родина,
Сладкий отдых в шелку купырей.

3

Понакаркали черные вороны
Грозным бедам широкий простор.
Крутит вихорь леса во все стороны,
Машет саваном пена с озер.

Грянул гром, чашка неба расколота,
Тучи рваные кутают лес.
На подвесках из легкого золота
Закачались лампадки небес.

Повестили под окнами сотские
Ополченцам идти на войну.
Загыгыкали бабы слободские,
Плач прорезал кругом тишину.

Собиралися мирные пахари
Без печали, без жалоб и слез,
Клали в сумочки пышки на сахаре
И пихали на кряжистый воз.

По селу до высокой околицы
Провожал их огулом народ.
Вот где, Русь, твои добрые молодцы,
Вся опора в годину невзгод.

4

Затомилась деревня невесточкой —
Как-то милые в дальнем краю?
Отчего не уведомят весточкой,—
Не погибли ли в жарком бою?

В роще чудились запахи ладана,
В ветре бластились стуки костей,
И пришли к ним нежданно-негаданно
С дальней волости груды вестей.

Сберегли по ним пахари памятку,
С потом вывели всем по письму.
Подхватили тут родные грамотку,
За ветловую сели тесьму.

Собралися над четницей Лушею
Допытаться любимых речей.
И на корточках плакали, слушая,
На успехи родных силачей.

5

Ах, поля мои, борозды милые,
Хороши вы в печали своей!
Я люблю эти хижины хилые
С поджиданьем седых матерей.

Припаду к лапоточкам берестяным,
Мир вам, грабли, коса и соха!
Я гадаю по взорам невестиным
На войне о судьбе жениха.

Помирился я с мыслями слабыми,
Хоть бы стать мне кустом у воды.
Я хочу верить в лучшее с бабами,
Тепля свечку вечерней звезды.

Разгадал я их думы несметные,
Не спугнет их ни гром и ни тьма.
За сохою под песни заветные
Не причудится смерть и тюрьма.

Они верили в эти каракули,
Выводимые с тяжким трудом,
И от счастья и радости плакали,
Как в засуху над первым дождем.

А за думой разлуки с родимыми
В мягких травах, под бусами рос,
Им мерещился в далях за дымами
Над лугами веселый покос.

Ой ты, Русь, моя родина кроткая,
Лишь к тебе я любовь берегу.
Весела твоя радость короткая
С громкой песней весной на лугу.

1914

*

В том краю, где желтая крапива
    И сухой плетень,
Приютились к вербам сиротливо
    Избы деревень.

Там в полях, за синей гущей лога,
    В зелени озер,
Пролегла песчаная дорога
    До сибирских гор.

Затерялась Русь в Мордве и Чуди,
    Нипочем ей страх.
И идут по той дороге люди,
    Люди в кандалах.

Все они убийцы или воры,
    Как судил им рок.
Полюбил я грустные их взоры
    С впадинами щек.

Много зла от радости в убийцах,
    Их сердца просты,
Но кривятся в почернелых лицах
    Голубые рты.

Я одну мечту, скрывая, нежу,
  Что я сердцем чист.
Но и я кого-нибудь зарежу
  Под осенний свист.

И меня по ветряному свею,
  По тому ль песку,
Поведут с веревкою на шее
  Полюбить тоску.

И когда с улыбкой мимоходом
  Распрямлю я грудь,
Языком залижет непогода
  Прожитой мой путь.

1915

*

Наша вера не погасла,
Святы песни и псалмы.
Льется солнечное масло
На зеленые холмы.

Верю, родина, я знаю,
Что легка твоя стопа,
Не одна ведет нас к раю
Богомольная тропа.

Все пути твои — в удаче,
Но в одном лишь счастья нет:
Он закован в белом плаче
Разгадавших новый свет.

Там настроены палаты
Из церковных кирпичей;
Те палаты — казематы
Да железный звон цепей.

Не ищи меня ты в боге,
Не зови любить и жить...
Я пойду по той дороге
Буйну голову сложить.

1915

ПЕСНЬ О СОБАКЕ

Утром в ржаном закуте,
Где златятся рогожи в ряд,
Семерых ощенила сука,
Рыжих семерых щенят.

До вечера она их ласкала,
Причесывая языком,
И струился снежок подталый
Под теплым ее животом.

А вечером, когда куры
Обсиживают шесток,
Вышел хозяин хмурый,
Семерых всех поклал в мешок.

По сугробам она бежала,
Поспевая за ним бежать...
И так долго, долго дрожала
Воды незамерзшей гладь.

А когда чуть плелась обратно,
Слизывая пот с боков,
Показался ей месяц над хатой
Одним из ее щенков.

В синюю высь звонко
Глядела она, скуля,
А месяц скользил тонкий
И скрылся за холм в полях.

И глухо, как от подачки,
Когда бросят ей камень в смех,
Покатились глаза собачьи
Золотыми звездами в снег.

1915

*

За темной прядью перелесиц,
В неколебимой синеве,
Ягненочек кудрявый — месяц
Гуляет в голубой траве.

В затихшем озере с осокой
Бодаются его рога,—
И кажется с тропы далекой —
Вода качает берега.

А степь под пологом зеленым
Кадит черемуховый дым
И за долинами по склонам
Свивает полымя над ним.

О сторона ковыльной пущи,
Ты сердцу ровностью близка,
Но и в твоей таится гуще
Солончаковая тоска.

И ты, как я, в печальной требе,
Забыв, кто друг тебе и враг,
О розовом тоскуешь небе
И голубиных облаках.

Но и тебе из синей шири
Пугливо кажет темнота
И кандалы твоей Сибири,
И горб Уральского хребта.

⟨*1916*⟩

*

Устал я жить в родном краю
В тоске по гречневым просторам,
Покину хижину мою,
Уйду бродягою и вором.

Пойду по белым кудрям дня
Искать убогое жилище.
И друг любимый на меня
Наточит нож за голенище.

Весной и солнцем на лугу
Обвита желтая дорога,
И та, чье имя берегу,
Меня прогонит от порога.

И вновь вернуся в отчий дом,
Чужою радостью утешусь,
В зеленый вечер под окном
На рукаве своем повешусь.

Седые вербы у плетня
Нежнее головы наклонят.
И необмытого меня
Под лай собачий похоронят.

А месяц будет плыть и плыть,
Роняя весла по озерам...
И Русь все так же будет жить,
Плясать и плакать у забора.

⟨*1916*⟩

*

Не бродить, не мять в кустах багряных
Лебеды и не искать следа.
Со снопом волос твоих овсяных
Отоснилась ты мне навсегда.

С алым соком ягоды на коже,
Нежная, красивая, была
На закат ты розовый похожа
И, как снег, лучиста и светла.

Зерна глаз твоих осыпались, завяли,
Имя тонкое растаяло, как звук,
Но остался в складках смятой шали
Запах меда от невинных рук.

В тихий час, когда заря на крыше,
Как котенок, моет лапкой рот,
Говор кроткий о тебе я слышу
Водяных поющих с ветром сот.

Пусть порой мне шепчет синий вечер,
Что была ты песня и мечта,
Всё ж, кто выдумал твой гибкий стан и плечи —
К светлой тайне приложил уста.

Не бродить, не мять в кустах багряных
Лебеды и не искать следа.
Со снопом волос твоих овсяных
Отоснилась ты мне навсегда.

⟨1916⟩

*

Я снова здесь, в семье родной,
Мой край, задумчивый и нежный!
Кудрявый сумрак за горой
Рукою машет белоснежной.

Седины пасмурного дня
Плывут всклокоченные мимо,
И грусть вечерняя меня
Волнует непреодолимо.

Над куполом церковных глав
Тень от зари упала ниже.
О други игрищ и забав,
Уж я вас больше не увижу!

В забвенье канули года,
Вослед и вы ушли куда-то.
И лишь по-прежнему вода
Шумит за мельницей крылатой.

И часто я в вечерней мгле,
Под звон надломленной осоки,
Молюсь дымящейся земле
О невозвратных и далеких.

Июнь 1916

*

Запели тесаные дроги,
Бегут равнины и кусты.
Опять часовни на дороге
И поминальные кресты.

Опять я теплой грустью болен
От овсяного ветерка.
И на известку колоколен
Невольно крестится рука.

О Русь — малиновое поле
И синь, упавшая в реку,—
Люблю до радости и боли
Твою озерную тоску.

Холодной скорби не измерить,
Ты на туманном берегу.
Но не любить тебя, не верить —
Я научиться не могу.

И не отдам я эти цепи,
И не расстанусь с долгим сном,
Когда звенят родные степи
Молитвословным ковылем.

⟨1916⟩

*

Не напрасно дули ветры,
Не напрасно шла гроза.
Кто-то тайный тихим светом
Напоил мои глаза.

С чьей-то ласковости вешней
Отгрустил я в синей мгле
О прекрасной, но нездешней,
Неразгаданной земле.

Не гнетет немая млечность,
Не тревожит звездный страх.
Полюбил я мир и вечность,
Как родительский очаг.

Все в них благостно и свято,
Все тревожное светло.
Плещет рдяный мак заката
На озерное стекло.

И невольно в море хлеба
Рвется образ с языка:
Отелившееся небо
Лижет красного телка.

⟨1917⟩

*

О Русь, взмахни крылами,
Поставь иную крепь!
С иными именами
Встает иная степь.

По голубой долине,
Меж телок и коров,
Идет в златой рядние
Твой Алексей Кольцов.

В руках — краюха хлеба,
Уста — вишневый сок.
И вызвездило небо
Пастушеский рожок.

За ним, с снегов и ветра,
Из монастырских врат,
Идет, одетый светом,
Его середний брат.

От Вытегры до Шуи
Он избродил весь край
И выбрал кличку — Клюев,
Смиренный Миколай.

Монашьи мудр и ласков,
Он весь в резьбе молвы,
И тихо сходит пасха
С бескудрой головы.

А там, за взгорьем смолым,
Иду, тропу тая,
Кудрявый и веселый,
Такой разбойный я.

Долга, крута дорога,
Несчетны склоны гор;
Но даже с тайной бога
Веду я тайно спор.

Сшибаю камнем месяц
И на немую дрожь
Бросаю, в небо свесясь,
Из голенища нож.

За мной незримым роем
Идет кольцо других,
И далеко по селам
Звенит их бойкий стих.

Из трав мы вяжем книги,
Слова трясем с двух пол.
И сродник наш, Чапыгин,
Певуч, как снег и дол.

Сокройся, сгинь ты, племя
Смердящих снов и дум!
На каменное темя
Несем мы звездный шум.

Довольно гнить и ноять,
И славить взлетом гнусь —
Уж смыла, стерла деготь
Воспрянувшая Русь.

Уж повела крылами
Ее немая крепь!
С иными именами
Встает иная степь.

⟨1917⟩

*

Разбуди меня завтра рано,
О моя терпеливая мать!
Я пойду за дорожным курганом
Дорогого гостя встречать.

Я сегодня увидел в пуще
След широких колес на лугу.
Треплет ветер под облачной кущей
Золотую его дугу.

На рассвете он завтра промчится,
Шапку-месяц пригнув под кустом,
И игриво взмахнет кобылица
Над равниною красным хвостом.

Разбуди меня завтра рано,
Засвети в нашей горнице свет.
Говорят, что я скоро стану
Знаменитый русский поэт.

Воспою я тебя и гостя,
Нашу печь, петуха и кров...
И на песни мои прольется
Молоко твоих рыжих коров.

1917

*

Я по первому снегу бреду,
В сердце ландыши вспыхнувших сил.
Вечер синею свечкой звезду
Над дорогой моей засветил.

Я не знаю, то свет или мрак?
В чаще ветер поет иль петух?
Может, вместо зимы на полях
Это лебеди сели на луг.

Хороша ты, о белая гладь!
Греет кровь мою легкий мороз!
Так и хочется к телу прижать
Обнаженные груди берез.

О лесная, дремучая муть!
О веселье оснеженных нив!..
Так и хочется руки сомкнуть
Над древесными бедрами ив.

1917

КАНТАТА

Спите, любимые братья,
Снова родная земля
Неколебимые рати
Движет под стены Кремля.

Новые в мире зачатья,
Зарево красных зарниц...
Спите, любимые братья,
В свете нетленных гробниц.

Солнце златою печатью
Стражем стоит у ворот...
Спите, любимые братья,
Мимо вас движется ратью
К зорям вселенским народ.

⟨1918⟩

*

Я покинул родимый дом,
Голубую оставил Русь.
В три звезды березняк над прудом
Теплит матери старой грусть.

Золотою лягушкой луна
Распласталась на тихой воде.
Словно яблонный цвет, седина
У отца пролилась в бороде.

Я не скоро, не скоро вернусь!
Долго петь и звенеть пурге.
Стережет голубую Русь
Старый клен на одной ноге.

И я знаю, есть радость в нем
Тем, кто листьев целует дождь,
Оттого, что тот старый клен
Головой на меня похож.

1918

*

Закружилась листва золотая
В розоватой воде на пруду,
Словно бабочек легкая стая
С замираньем летит на звезду.

Я сегодня влюблен в этот вечер,
Близок сердцу желтеющий дол.
Отрок-ветер по самые плечи
Заголил на березке подол.

И в душе и в долине прохлада,
Синий сумрак как стадо овец,
За калиткою смолкшего сада
Прозвенит и замрет бубенец.

Я еще никогда бережливо
Так не слушал разумную плоть,
Хорошо бы, как ветками ива,
Опрокинуться в розовость вод.

Хорошо бы, на стог улыбаясь,
Мордой месяца сено жевать...
Где ты, где, моя тихая радость —
Все любя, ничего не желать?

1918

*

По-осеннему кычет сова
Над раздольем дорожной рани.
Облетает моя голова,
Куст волос золотистый вянет.

Полевое, степное «ку-гу»,
Здравствуй, мать голубая осина!
Скоро месяц, купаясь в снегу,
Сядет в редкие кудри сына.

Скоро мне без листвы холодеть,
Звоном звезд насыпая уши.
Без меня будут юноши петь,
Не меня будут старцы слушать.

Новый с поля придет поэт,
В новом лес огласится свисте.
По-осеннему сыплет ветр,
По-осеннему шепчут листья.

1920

СОРОКОУСТ

А. Мариенгофу

1

Трубит, трубит погибельный рог!
Как же быть, как же быть теперь нам
На измызганных ляжках дорог?

Вы, любители песенных блох,
Не хотите ль . . . . . .

Полно кротостью мордищ прозвдниться,
Любо ль, не любо ль — знай бери.
Хорошо, когда сумерки дразнятся
И всыпают нам в толстые задницы
Окровавленный веник зари.

Скоро заморозь известью выбелит
Тот поселок и эти луга.
Никуда вам не скрыться от гибели,
Никуда не уйти от врага.
Вот он, вот он с железным брюхом,
Тянет к глоткам равнин пятерню,

Водит старая мельница ухом,
Навострив мукомольный нюх,
И дворовый молчальник бык,
Что весь мозг свой на телок пролил,

Вытирая о прясло язык,
Почуял беду над полем.

2

Ах, не с того ли за селом
Так плачет жалостно гармоника:
Таля-ля-ля, тили-ли-гом
Висит над белым подоконником.
И желтый ветер осенницы
Не потому ль, синь рябью тронув,
Как будто бы с коней скребницей,
Очесывает листья с кленов.
Идет, идет он, страшный вестник,
Пятой громоздкой чащи ломит.
И все сильней тоскуют песни
Под лягушиный писк в соломе.
О, электрический восход,
Ремней и труб глухая хватка,
Се изб древенчатый живот
Трясет стальная лихорадка!

3

Видели ли вы,
Как бежит по степям,
В туманах озерных кроясь,
Железной ноздрей храпя,
На лапах чугунных поезд?

А за ним
По большой траве,
Как на празднике отчаянных гонок,
Тонкие ноги закидывая к голове,
Скачет красногривый жеребенок?

Милый, милый, смешной дуралей,
Ну куда он, куда он гонится?

Неужель он не знает, что живых коней
Победила стальная конница?
Неужель он не знает, что в полях бессиянных
Той поры не вернет его бег,
Когда пару красивых степных россиянок
Отдавал за коня печенег?
По-иному судьба на торгах перекрасила
Наш разбуженный скрежетом плес,
И за тысячи пудов конской кожи и мяса
Покупают теперь паровоз?

4

Черт бы взял тебя, скверный гость!
Наша песня с тобой не сживется.
Жаль, что в детстве тебя не пришлось
Утопить, как ведро в колодце.
Хорошо им стоять и смотреть,
Красить рты в жестяных поцелуях,—
Только мне, как псаломщику, петь
Над родимой страной аллилуйя.
Оттого-то в сентябрьскую склень
На сухой и холодный суглинок,
Головой размозжась о плетень,
Облилась кровью ягод рябина.
Оттого-то вросла тужиль
В переборы тальянки звонкой.
И соломой пропахший мужик
Захлебнулся лихой самогонкой.

Август 1920

*

Мариенгофу

Я последний поэт деревни,
Скромен в песнях дощатый мост.
За прощальной стою обедней
Кадящих листвой берез.

Догорит золотистым пламенем
Из телесного воска свеча,
И луны часы деревянные
Прохрипят мой двенадцатый час.

На тропу голубого поля
Скоро выйдет железный гость.
Злак овсяный, зарею пролитый,
Соберет его черная горсть.

Не живые, чужие ладони,
Этим песням при вас не жить!
Только будут колосья-кони
О хозяине старом тужить.

Будет ветер сосать их ржанье,
Панихидный справляя пляс.
Скоро, скоро часы деревянные
Прохрипят мой двенадцатый час!

⟨*1920*⟩

ХУЛИГАН

Дождик мокрыми метлами чистит
Ивняковый помет по лугам.
Плюйся, ветер, охапками листьев,—
Я такой же, как ты, хулиган.

Я люблю, когда синие чащи,
Как с тяжелой походкой волы,
Животами, листвой хрипящими,
По коленкам марают стволы.

Вот оно, мое стадо рыжее!
Кто ж воспеть его лучше мог?
Вижу, вижу, как сумерки лижут
Следы человечьих ног.

Русь моя, деревянная Русь!
Я один твой певец и глашатай.
Звериных стихов моих грусть
Я кормил резедой и мятой.

Взбрезжи, полночь, луны кувшин
Зачерпнуть молока берез!
Словно хочет кого придушить
Руками крестов погост!

Бродит черная жуть по холмам,
Злобу вора струит в наш сад,

Только сам я разбойник и хам
И по крови степной конокрад.

Кто видал, как в ночи кипит
Кипяченых черемух рать?
Мне бы в ночь в голубой степи
Где-нибудь с кистенем стоять.

Ах, увял головы моей куст,
Засосал меня песенный плен.
Осужден я на каторге чувств
Вертеть жернова поэм.

Но не бойся, безумный ветр,
Плюй спокойно листвой по лугам.
Не сотрет меня кличка «поэт»,
Я и в песнях, как ты, хулиган.

1919

*

Все живое особой метой
Отмечается с ранних пор.
Если не был бы я поэтом,
То, наверно, был мошенник и вор.

Худощавый и низкорослый,
Средь мальчишек всегда герой,
Часто, часто с разбитым носом
Приходил я к себе домой.

И навстречу испуганной маме
Я цедил сквозь кровавый рот:
«Ничего! Я споткнулся о камень,
Это к завтраму все заживет».

И теперь вот, когда простыла
Этих дней кипятковая вязь,
Беспокойная, дерзкая сила
На поэмы мои пролилась.

Золотая, словесная груда,
И над каждой строкой без конца
Отражается прежняя удаль
Забияки и сорванца.

Как тогда, я отважный и гордый,
Только новью мой брызжет шаг...
Если раньше мне били в морду,
То теперь вся в крови душа.

И уже говорю я не маме,
А в чужой и хохочущий сброд:
«Ничего! Я споткнулся о камень,
Это к завтраму все заживет!»

Февраль 1922

*

Мир таинственный, мир мой древний,
Ты, как ветер, затих и присел.
Вот сдавили за шею деревню
Каменные руки шоссе.

Так испуганно в снежную выбель
Заметалась звенящая жуть.
Здравствуй ты, моя черная гибель,
Я навстречу к тебе выхожу!

Город, город, ты в схватке жестокой
Окрестил нас как падаль и мразь.
Стынет поле в тоске волоокой,
Телеграфными столбами давясь.

Жилист мускул у дьявольской выи,
И легка ей чугунная гать.
Ну, да что же? Ведь нам не впервые
И расшатываться и пропадать.

Пусть для сердца тягуче колко,
Эта песня звериных прав!..
...Так охотники травят волка,
Зажимая в тиски облав.

Зверь припал... и из пасмурных недр
Кто-то спустит сейчас курки...

Вдруг прыжок... и двуногого недруга
Раздирают на части клыки.

О, привет тебе, зверь мой любимый!
Ты не даром даешься ножу!
Как и ты — я, отвсюду гонимый,
Средь железных врагов прохожу.

Как и ты — я всегда наготове,
И хоть слышу победный рожок,
Но отпробует вражеской крови
Мой последний, смертельный прыжок.

И пускай я на рыхлую выбель
Упаду и зароюсь в снегу...
Все же песню отмщенья за гибель
Пропоют мне на том берегу.

1921

*

Не жалею, не зову, не плачу,
Все пройдет, как с белых яблонь дым.
Увяданья золотом охваченный,
Я не буду больше молодым.

Ты теперь не так уж будешь биться,
Сердце, тронутое холодком,
И страна березового ситца
Не заманит шляться босиком.

Дух бродяжий! ты все реже, реже
Расшевеливаешь пламень уст.
О моя утраченная свежесть,
Буйство глаз и половодье чувств.

Я теперь скупее стал в желаньях,
Жизнь моя? иль ты приснилась мне?
Словно я весенней гулкой ранью
Проскакал на розовом коне.

Все мы, все мы в этом мире тленны,
Тихо льется с кленов листьев медь...
Будь же ты вовек благословенно,
Что пришло процвесть и умереть.

1921

*

Да! Теперь решено. Без возврата
Я покинул родные поля.
Уж не будут листвою крылатой
Надо мною звенеть тополя.

Низкий дом без меня ссутулится,
Старый пес мой давно издох.
На московских изогнутых улицах
Умереть, знать, судил мне бог.

Я люблю этот город вязевый,
Пусть обрюзг он и пусть одрях.
Золотая дремотная Азия
Опочила на куполах.

А когда ночью светит месяц,
Когда светит... черт знает как!
Я иду, головою свесясь,
Переулком в знакомый кабак.

Шум и гам в этом логове жутком,
Но всю ночь напролет, до зари,
Я читаю стихи проституткам
И с бандитами жарю спирт.

Сердце бьется все чаще и чаще,
И уж я говорю невпопад:

«Я такой же, как вы, пропащий,
Мне теперь не уйти назад».

Низкий дом без меня ссутулится,
Старый пес мой давно издох.
На московских изогнутых улицах
Умереть, знать, судил мне бог.

1922

*

Снова пьют здесь, дерутся и плачут
Под гармоники желтую грусть.
Проклинают свои неудачи,
Вспоминают московскую Русь.

И я сам, опустясь головою,
Заливаю глаза вином,
Чтоб не видеть в лицо роковое,
Чтоб подумать хоть миг об ином.

Что-то всеми навек утрачено.
Май мой синий! Июнь голубой!
Не с того ль так чадит мертвячиной
Над пропащею этой гульбой.

Ах, сегодня так весело россам,
Самогонного спирта — река.
Гармонист с провалившимся носом
Им про Волгу поет и про Чека.

Что-то злое во взорах безумных,
Непокорное в громких речах.
Жалко им тех дурашливых, юных,
Что сгубили свою жизнь сгоряча.

Где ж вы те, что ушли далече?
Ярко ль светят вам наши лучи?
Гармонист спиртом сифилис лечит,
Что в киргизских степях получил.

Нет! таких не подмять, не рассеять.
Бесшабашность им гнилью дана.
Ты, Рассея моя... Рас... сея...
Азиатская сторона!

⟨1922⟩

Черный человек

Друг мой, друг мой,
Я очень и очень болен.
Сам не знаю, откуда взялась эта боль.
То ли ветер свистит
Над пустым и безлюдным полем,
То ль, как рощу в сентябрь,
Осыпает мозги алкоголь.

Голова моя машет ушами,
Как крыльями птица.
Ей на шее ноги
Маячить больше невмочь.
Черный человек,
Черный, черный,
Черный человек
На кровать ко мне садится,
Черный человек
Спать не дает мне всю ночь.

Черный человек
Водит пальцем по мерзкой книге
И, гнусавя надо мной,
Как над усопшим монах,
Читает мне жизнь
Какого-то прохвоста и забулдыги,
Нагоняя на душу тоску и страх.
Черный человек,
Черный, черный!

«Слушай, слушай,—
Бормочет он мне,—
В книге много прекраснейших
Мыслей и планов.
Этот человек
Проживал в стране
Самых отвратительных
Громил и шарлатанов.

В декабре в той стране
Снег до дьявола чист,
И метели заводят
Веселые прялки.
Был человек тот авантюрист,
Но самой высокой
И лучшей марки.

Был он изящен,
К тому ж поэт,
Хоть с небольшой,
Но ухватистой силою,
И какую-то женщину,
Сорока с лишним лет,
Называл скверной девочкой
И своею милою».

«Счастье,— говорил он,—
Есть ловкость ума и рук.
Все неловкие души
За несчастных всегда известны.
Это ничего,
Что много мук
Приносят изломанные
И лживые жесты.

В грозы, в бури,
В житейскую стынь,

При тяжелых утратах
И когда тебе грустно,
Казаться улыбчивым и простым —
Самое высшее в мире искусство».

«Черный человек!
Ты не смеешь этого!
Ты ведь не на службе
Живешь водолазовой.
Что мне до жизни
Скандального поэта.
Пожалуйста, другим
Читай и рассказывай».

Черный человек
Глядит на меня в упор.
И глаза покрываются
Голубой блевотой,—
Словно хочет сказать мне,
Что я жулик и вор,
Так бесстыдно и нагло
Обокравший кого-то.

. . . .

Друг мой, друг мой,
Я очень и очень болен.
Сам не знаю, откуда взялась эта боль.
То ли ветер свистит
Над пустым и безлюдным полем,
То ль, как рощу в сентябрь,
Осыпает мозги алкоголь.

Ночь морозная.
Тих покой перекрестка.
Я один у окошка,
Ни гостя, ни друга не жду.

Вся равнина покрыта
Сыпучей и мягкой известкой,
И деревья, как всадники,
Съехались в нашем саду.

Где-то плачет
Ночная зловещая птица.
Деревянные всадники
Сеют копытливый стук.
Вот опять этот черный
На кресло мое садится,
Приподняв свой цилиндр
И откинув небрежно сюртук.

«Слушай, слушай! —
Хрипит он, смотря мне в лицо,
Сам все ближе
И ближе клонится.—
Я не видел, чтоб кто-нибудь
Из подлецов
Так ненужно и глупо
Страдал бессонницей.

Ах, положим, ошибся!
Ведь нынче луна.
Что же нужно еще
Напоенному дремой мирику?
Может, с толстыми ляжками
Тайно придет «она»,
И ты будешь читать
Свою дохлую томную лирику?

Ах, люблю я поэтов!
Забавный народ.
В них всегда нахожу я
Историю, сердцу знакомую,—
Как прыщавой курсистке

Длинноволосый урод
Говорит о мирах,
Половой истекая истомою.

Не знаю, не помню,
В одном селе,
Может, в Калуге,
А может, в Рязани,
Жил мальчик
В простой крестьянской семье,
Желтоволосый,
С голубыми глазами...

И вот стал он взрослым,
К тому ж поэт,
Хоть с небольшой,
Но ухватистой силою,
И какую-то женщину,
Сорока с лишним лет,
Называл скверной девочкой
И своею милою».

«Черный человек!
Ты прескверный гость.
Эта слава давно
Про тебя разносится».
Я взбешен, разъярен,
И летит моя трость
Прямо к морде его,
В переносицу...

. . . .

...Месяц умер,
Синеет в окошко рассвет.
Ах ты, ночь!
Что ты, ночь, наковеркала?

Я в цилиндре стою.
Никого со мной нет.
Я один...
И разбитое зеркало...

14 ноября 1925

*

Эта улица мне знакома,
И знаком этот низенький дом.
Проводов голубая солома
Опрокинулась над окном.

Были годы тяжелых бедствий,
Годы буйных, безумных сил.
Вспомнил я деревенское детство,
Вспомнил я деревенскую синь.

Не искал я ни славы, ни покоя,
Я с тщетой этой славы знаком.
А сейчас, как глаза закрою,
Вижу только родительский дом.

Вижу сад в голубых накрапах,
Тихо август прилег ко плетню.
Держат липы в зеленых лапах
Птичий гомон и щебетню.

Я любил этот дом деревянный,
В бревнах теплилась грозная морщь,
Наша печь как-то дико и странно
Завывала в дождливую ночь.

Голос громкий и всхлипень зычный,
Как о ком-то погибшем, живом.
Что он видел, верблюд кирпичный,
В завывании дождевом?

Видно, видел он дальние страны,
Сон другой и цветущей поры,
Золотые пески Афганистана
И стеклянную хмарь Бухары.

Ах, и я эти страны знаю —
Сам немалый прошел там путь.
Только ближе к родимому краю
Мне б хотелось теперь повернуть.

Но угасла та нежная дрема,
Все истлело в дыму голубом.
Мир тебе — полевая солома,
Мир тебе — деревянный дом!

⟨1923⟩

*

Мне осталась одна забава:
Пальцы в рот — и веселый свист.
Прокатилась дурная слава,
Что похабник я и скандалист.

Ах! какая смешная потеря!
Много в жизни смешных потерь.
Стыдно мне, что я в бога верил.
Горько мне, что не верю теперь.

Золотые, далекие дали!
Все сжигает житейская мреть.
И похабничал я и скандалил
Для того, чтобы ярче гореть.

Дар поэта — ласкать и карябать,
Роковая на нем печать.
Розу белую с черною жабой
Я хотел на земле повенчать.

Пусть не сладились, пусть не сбылись
Эти помыслы розовых дней.
Но коль черти в душе гнездились —
Значит, ангелы жили в ней.

Вот за это веселие мути,
Отправляясь с ней в край иной,
Я хочу при последней минуте
Попросить тех, кто будет со мной,—

Чтоб за все за грехи мои тяжкие,
За неверие в благодать
Положили меня в русской рубашке
Под иконами умирать.

1923

*

Заметался пожар голубой,
Позабылись родимые дали.
В первый раз я запел про любовь,
В первый раз отрекаюсь скандалить.

Был я весь — как запущенный сад,
Был на женщин и зелие падкий.
Разонравилось пить и плясать
И терять свою жизнь без оглядки.

Мне бы только смотреть на тебя,
Видеть глаз злато-карий омут,
И чтоб, прошлое не любя,
Ты уйти не смогла к другому.

Поступь нежная, легкий стан,
Если б знала ты сердцем упорным,
Как умеет любить хулиган,
Как умеет он быть покорным.

Я б навеки забыл кабаки
И стихи бы писать забросил,
Только б тонкой касаться руки
И волос твоих цветом в осень.

Я б навеки пошел за тобой
Хоть в свои, хоть в чужие дали...
В первый раз я запел про любовь,
В первый раз отрекаюсь скандалить.

1923

*

Ты такая ж простая, как все,
Как сто тысяч других в России.
Знаешь ты одинокий рассвет,
Знаешь холод осени синий.

По-смешному я сердцем влип,
Я по-глупому мысли занял.
Твой иконный и строгий лик
По часовням висел в рязанях.

Я на эти иконы плевал,
Чтил я грубость и крик в повесе,
А теперь вдруг растут слова
Самых нежных и кротких песен.

Не хочу я лететь в зенит,
Слишком многое телу надо.
Что ж так имя твое звенит,
Словно августовская прохлада?

Я не нищий, ни жалок, ни мал
И умею расслышать за пылом:
С детства нравиться я понимал
Кобелям да степным кобылам.

Потому и себя не сберег
Для тебя, для нее и для этой.
Невеселого счастья залог —
Сумасшедшее сердце поэта.

Потому и грущу, осев,
Словно в листья в глаза косые...
Ты такая ж простая, как все,
Как сто тысяч других в России.

1923

*

Пускай ты выпита другим,
Но мне осталось, мне осталось
Твоих волос стеклянный дым
И глаз осенняя усталость.

О, возраст осени! Он мне
Дороже юности и лета.
Ты стала нравиться вдвойне
Воображению поэта.

Я сердцем никогда не лгу,
И потому на голос чванства
Бестрепетно сказать могу,
Что я прощаюсь с хулиганством.

Пора расстаться с озорной
И непокорною отвагой.
Уж сердце напилось иной,
Кровь отрезвляющею брагой.

И мне в окошко постучал
Сентябрь багряной веткой ивы,
Чтоб я готов был и встречал
Его приход неприхотливый.

Теперь со многим я мирюсь
Без принужденья, без утраты.
Иною кажется мне Русь,
Иными — кладбища и хаты.

Прозрачно я смотрю вокруг
И вижу, там ли, здесь ли, где-то ль,
Что ты одна, сестра и друг,
Могла быть спутницей поэта.

Что я одной тебе бы мог,
Воспитываясь в постоянстве,
Пропеть о сумерках дорог
И уходящем хулиганстве.

1923

*

Дорогая, сядем рядом,
Поглядим в глаза друг другу.
Я хочу под кротким взглядом
Слушать чувственную вьюгу.

Это золото осеннее,
Эта прядь волос белесых —
Все явилось, как спасенье
Беспокойного повесы.

Я давно мой край оставил,
Где цветут луга и чащи.
В городской и горькой славе
Я хотел прожить пропащим.

Я хотел, чтоб сердце глуше
Вспоминало сад и лето,
Где под музыку лягушек
Я растил себя поэтом.

Там теперь такая ж осень...
Клен и липы в окна комнат,
Ветки лапами забросив,
Ищут тех, которых помнят.

Их давно уж нет на свете.
Месяц на простом погосте
На крестах лучами метит,
Что и мы придем к ним в гости,

Что и мы, отжив тревоги,
Перейдем под эти кущи.
Все волнистые дороги
Только радость льют живущим.

Дорогая, сядь же рядом,
Поглядим в глаза друг другу.
Я хочу под кротким взглядом
Слушать чувственную вьюгу.

9 октября 1923

*

Вечер черные брови насопил.
Чьи-то кони стоят у двора.
Не вчера ли я молодость пропил?
Разлюбил ли тебя не вчера?

Не храпи, запоздалая тройка!
Наша жизнь пронеслась без следа.
Может, завтра больничная койка
Успокоит меня навсегда.

Может, завтра совсем по-другому
Я уйду, исцеленный навек,
Слушать песни дождей и черемух,
Чем здоровый живет человек.

Позабуду я мрачные силы,
Что терзали меня, губя.
Облик ласковый! Облик милый!
Лишь одну не забуду тебя.

Пусть я буду любить другую,
Но и с нею, с любимой, с другой,
Расскажу про тебя, дорогую,
Что когда-то я звал дорогой.

Расскажу, как текла былая
Наша жизнь, что былой не была...
Голова ль ты моя удалая,
До чего ж ты меня довела?

1923

Ленин

Отрывок из поэмы „Гуляй-поле'

Еще закон не отвердел,
Страна шумит, как непогода.
Хлестнула дерзко за предел
Нас отравившая свобода,

Россия! Сердцу милый край!
Душа сжимается от боли.
Уж сколько лет не слышит поле
Петушье пенье, песий лай.

Уж сколько лет наш тихий быт
Утратил мирные глаголы.
Как оспой, ямами копыт
Изрыты пастбища и долы.

Немолчный топот, громкий стон,
Визжат тачанки и телеги.
Ужель я сплю и вижу сон,
Что с копьями со всех сторон
Нас окружают печенеги?
Не сон, не сон, я вижу въявь,
Ничем не усыпленным взглядом,
Как, лошадей пуская вплавь,
Отряды скачут за отрядом.
Куда они? И где война?
Степная водь не внемлет слову.
Не знаю, светит ли луна

Иль всадник обронил подкову?
Все спуталось...

Но понял взор:
Страну родную в край из края,
Огнем и саблями сверкая,
Междоусобный рвет раздор.

. . . .

Россия —
Страшный, чудный звон.
В деревьях берез, в цветь — подснежник.
Откуда закатился он,
Тебя встревоживший мятежник?
Суровый гений! Он меня
Влечет не по своей фигуре.
Он не садился на коня
И не летел навстречу буре.
Сплеча голов он не рубил,
Не обращал в побег пехоту.
Одно в убийстве он любил —
Перепелиную охоту.

Для нас условен стал герой,
Мы любим тех, что в черных масках,
А он с сопливой детворой
Зимой катался на салазках.
И не носил он тех волос,
Что льют успех на женщин томных,—
Он с лысиною, как поднос,
Глядел скромней из самых скромных.
Застенчивый, простой и милый,
Он вроде сфинкса предо мной.
Я не пойму, какою силой
Сумел потрясть он шар земной?
Но он потряс...

Шуми и вей!
Крути свирепей, непогода,
Смывай с несчастного народа
Позор острогов и церквей.

. . . .

Была пора жестоких лет,
Нас пестовали злые лапы.
На поприще крестьянских бед
Цвели имперские сатрапы.

. . . .

Монархия! Зловещий смрад!
Веками шли пиры за пиром,
И продал власть аристократ
Промышленникам и банкирам.

Народ стонал, и в эту жуть
Страна ждала кого-нибудь...
И он пришел.

. . . .

Он мощным словом
Повел нас всех к истокам новым.
Он нам сказал: «Чтоб кончить муки,
Берите всё в рабочьи руки.
Для вас спасенья больше нет —
Как ваша власть и ваш Совет».

. . . .

И мы пошли под визг метели,
Куда глаза его глядели:
Пошли туда, где видел он
Освобожденье всех племен...

. . . .

И вот он умер...
Плач досаден.
Не славят музы голос бед.
Из меднолающих громадин
Салют последний даден, даден.
Того, кто спас нас, больше нет.
Его уж нет, а те, кто вживе,
А те, кого оставил он,
Страну в бушующем разливе
Должны заковывать в бетон.

Для них не скажешь:
«Л е н и н у м е р!»
Их смерть к тоске не привела.

. . . .

Еще суровей и угрюмей
Они творят его дела...

⟨1924⟩

*

Годы молодые с забубенной славой,
Отравил я сам вас горькою отравой.

Я не знаю: мой конец близок ли, далек ли,
Были синие глаза, да теперь поблекли.

Где ты, радость? Темь и жуть, грустно и обидно,
В поле, что ли? В кабаке? Ничего не видно.

Руки вытяну — и вот слушаю на ощупь:
Едем... кони... сани... снег... проезжаем рощу.

«Эй, ямщик, неси вовсю! Чай, рожден не слабым!
Душу вытрясти не жаль по таким ухабам».

А ямщик в ответ одно: «По такой метели
Очень страшно, чтоб в пути лошади вспотели».

«Ты, ямщик, я вижу, трус. Это не с руки нам!»
Взял я кнут и ну стегать по лошажьим спинам.

Бью, а кони, как метель, снег разносят в хлопья.
Вдруг толчок... и из саней прямо на сугроб я.

Встал и вижу: что за черт — вместо бойкой тройки...
Забинтованный лежу на больничной койке.

И заместо лошадей по дороге тряской
Бью я жесткую кровать мокрою повязкой.

На лице часов в усы закрутились стрелки.
Наклонились надо мной сонные сиделки.

Наклонились и хрипят: «Эх ты, златоглавый,
Отравил ты сам себя горькою отравой.

Мы не знаем, твой конец близок ли, далек ли,—
Синие твои глаза в кабаках промокли».

⟨1924⟩

ПИСЬМО К МАТЕРИ

Ты жива еще, моя старушка?
Жив и я. Привет тебе, привет!
Пусть струится над твоей избушкой
Тот вечерний несказанный свет.

Пишут мне, что ты, тая тревогу,
Загрустила шибко обо мне,
Что ты часто ходишь на дорогу
В старомодном ветхом шушуне.

И тебе в вечернем синем мраке
Часто видится одно и то ж:
Будто кто-то мне в кабацкой драке
Саданул под сердце финский нож.

Ничего, родная! Успокойся.
Это только тягостная бредь.
Не такой уж горький я пропойца,
Чтоб, тебя не видя, умереть.

Я по-прежнему такой же нежный
И мечтаю только лишь о том,
Чтоб скорее от тоски мятежной
Воротиться в низенький наш дом.

Я вернусь, когда раскинет ветви
По-весеннему наш белый сад.
Только ты меня уж на рассвете
Не буди, как восемь лет назад.

Не буди того, что отмечталось,
Не волнуй того, что не сбылось,—
Слишком раннюю утрату и усталость
Испытать мне в жизни привелось.

И молиться не учи меня. Не надо!
К старому возврата больше нет.
Ты одна мне помощь и отрада,
Ты одна мне несказанный свет.

Так забудь же про свою тревогу,
Не грусти так шибко обо мне.
Не ходи так часто на дорогу
В старомодном ветхом шушуне.

⟨1924⟩

*

Мы теперь уходим понемногу
В ту страну, где тишь и благодать.
Может быть, и скоро мне в дорогу
Бренные пожитки собирать.

Милые березовые чащи!
Ты, земля! И вы, равнин пески!
Перед этим сонмом уходящих
Я не в силах скрыть моей тоски.

Слишком я любил на этом свете
Все, что душу облекает в плоть.
Мир осинам, что, раскинув ветви,
Загляделись в розовую водь.

Много дум я в тишине продумал,
Много песен про себя сложил,
И на этой на земле угрюмой
Счастлив тем, что я дышал и жил.

Счастлив тем, что целовал я женщин,
Мял цветы, валялся на траве
И зверье, как братьев наших меньших,
Никогда не бил по голове.

Знаю я, что не цветут там чащи,
Не звенит лебяжьей шеей рожь.
Оттого пред сонмом уходящих
Я всегда испытываю дрожь.

Знаю я, что в той стране не будет
Этих нив, златящихся во мгле.
Оттого и дороги мне люди,
Что живут со мною на земле.

1924

ВОЗВРАЩЕНИЕ НА РОДИНУ

Я посетил родимые места,
Ту сельщину,
Где жил мальчишкой,
Где каланчой с березовою вышкой
Взметнулась колокольня без креста.

Как много изменилось там,
В их бедном, неприглядном быте.
Какое множество открытий
За мною следовало по пятам.

Отцовский дом
Не мог я распознать:
Приметный клен уж под окном не машет,
И на крылечке не сидит уж мать,
Кормя цыплят крупитчатою кашей.

Стара, должно быть, стала...
Да, стара.
Я с грустью озираюсь на окрестность:
Какая незнакомая мне местность!
Одна, как прежняя, белеется гора,
Да у горы
Высокий серый камень.

Здесь кладбище!
Подгнившие кресты,

Как будто в рукопашной мертвецы,
Застыли с распростертыми руками.

По тропке, опершись на подожок,
Идет старик, сметая пыль с бурьяна.
«Прохожий!
Укажи, дружок,
Где тут живет Есенина Татьяна?»

«Татьяна... Гм...
Да вон за той избой.
А ты ей что?
Сродни?
Аль, может, сын пропащий?»

«Да, сын.
Но что, старик, с тобой?
Скажи мне,
Отчего ты так глядишь скорбяще?»

«Добро, мой внук,
Добро, что не узнал ты деда!..»
«Ах, дедушка, ужели это ты?»
И полилась печальная беседа
Слезами теплыми на пыльные цветы.

. . . .

«Тебе, пожалуй, скоро будет тридцать...
А мне уж девяносто...
Скоро в гроб.
Давно пора бы было воротиться».
Он говорит, а сам все морщит лоб.
«Да!.. Время!..
Ты не коммунист?»
«Нет!..»
«А сестры стали комсомолки.

Такая гадость! Просто удавись!
Вчера иконы выбросили с полки,
На церкви комиссар снял крест.
Теперь и богу негде помолиться.
Уж я хожу украдкой нынче в лес,
Молюсь осинам...
Может, пригодится...

Пойдем домой —
Ты все увидишь сам».

И мы идем, топча межой кукольни.
Я улыбаюсь пашням и лесам,
А дед с тоской глядит на колокольню.

. . . .

. . . .

«Здорово, мать! Здорово!» —
И я опять к глазам тяну платок.
Тут разрыдаться может и корова,
Глядя на этот бедный уголок.

На стенке календарный Ленин.
Здесь жизнь сестер,
Сестер, а не моя,—
Но все ж готов упасть я на колени,
Увидев вас, любимые края.

Пришли соседи...
Женщина с ребенком.
Уже никто меня не узнает.
По-байроновски наша собачонка
Меня встречала с лаем у ворот.

Ах, милый край!
Не тот ты стал,

Не тот.
Да уж и я, конечно, стал не прежний.
Чем мать и дед грустней и безнадежней,
Тем веселей сестры смеется рот.

Конечно, мне и Ленин не икона,
Я знаю мир...
Люблю мою семью...
Но отчего-то все-таки с поклоном
Сажусь на деревянную скамью.

«Ну, говори, сестра!»

И вот сестра разводит,
Раскрыв, как Библию, пузатый «Капитал»,
О Марксе,
Энгельсе...
Ни при какой погоде
Я этих книг, конечно, не читал.

И мне смешно,
Как шустрая девчонка
Меня во всем за шиворот берет...

. . . .

. . . .

По-байроновски наша собачонка
Меня встречала с лаем у ворот.

Июнь 1924

*

Этой грусти теперь не рассыпать
Звонким смехом далеких лет.
Отцвела моя белая липа,
Отзвенел соловьиный рассвет.

Для меня было все тогда новым,
Много в сердце теснилось чувств,
А теперь даже нежное слово
Горьким плодом срывается с уст.

И знакомые взору просторы
Уж не так под луной хороши.
Буераки... пеньки... косогоры
Обпечалили русскую ширь.

Нездоровое, хилое, низкое,
Водянистая, серая гладь.
Это все мне родное и близкое,
От чего так легко зарыдать.

Покосившаяся избенка,
Плач овцы, и вдали на ветру
Машет тощим хвостом лошаденка,
Заглядевшись в неласковый пруд.

Это все, что зовем мы родиной,
Это все, отчего на ней
Пьют и плачут в одно с непогодиной,
Дожидаясь улыбчивых дней.

Потому никому не рассыпать
Эту грусть смехом ранних лет.
Отцвела моя белая липа,
Отзвенел соловьиный рассвет.

1924

РУСЬ СОВЕТСКАЯ

А. Сахарову

Тот ураган прошел. Нас мало уцелело.
На перекличке дружбы многих нет.
Я вновь вернулся в край осиротелый,
В котором не был восемь лет.

Кого позвать мне? С кем мне поделиться
Той грустной радостью, что я остался жив?
Здесь даже мельница — бревенчатая птица
С крылом единственным — стоит, глаза смежив.

Я никому здесь не знаком,
А те, что помнили, давно забыли.
И там, где был когда-то отчий дом,
Теперь лежит зола да слой дорожной пыли.

А жизнь кипит.
Вокруг меня снуют
И старые и молодые лица.
Но некому мне шляпой поклониться,
Ни в чьих глазах не нахожу приют.

И в голове моей проходят роем думы:
Что родина?
Ужели это сны?

Ведь я почти для всех здесь пилигрим угрюмый
Бог весть с какой далекой стороны.

И это я!
Я, гражданин села,
Которое лишь тем и будет знаменито,
Что здесь когда-то баба родила
Российского скандального пиита.

Но голос мысли сердцу говорит:
«Опомнись! Чем же ты обижен?
Ведь это только новый свет горит
Другого поколения у хижин.

Уже ты стал немного отцветать,
Другие юноши поют другие песни.
Они, пожалуй, будут интересней —
Уж не село, а вся земля им мать».

Ах, родина! Какой я стал смешной.
На щеки впалые летит сухой румянец.
Язык сограждан стал мне как чужой,
В своей стране я словно иностранец.

Вот вижу я:
Воскресные сельчане
У волости, как в церковь, собрались.
Корявыми, немытыми речами
Они свою обсуживают «жись».

Уж вечер. Жидкой позолотой
Закат обрызгал серые поля.
И ноги босые, как телки под ворота,
Уткнули по канавам тополя.

Хромой красноармеец с ликом сонным,
В воспоминаниях морщиня лоб,
Рассказывает важно о Буденном,
О том, как красные отбили Перекоп.

«Уж мы его — и этак и раз-этак,—
Буржуя энтого... которого... в Крыму...»
И клены морщатся ушами длинных веток,
И бабы охают в немую полутьму.

С горы идет крестьянский комсомол,
И под гармонику, наяривая рьяно,
Поют агитки Бедного Демьяна,
Веселым криком оглашая дол.

Вот так страна!
Какого ж я рожна
Орал в стихах, что я с народом дружен?
Моя поэзия здесь больше не нужна,
Да и, пожалуй, сам я тоже здесь не нужен.

Ну что ж!
Прости, родной приют.
Чем сослужил тебе — и тем уж я доволен.
Пускай меня сегодня не поют —
Я пел тогда, когда был край мой болен.

Приемлю все.
Как есть все принимаю.
Готов идти по выбитым следам.
Отдам всю душу октябрю и маю,
Но только лиры милой не отдам.

Я не отдам ее в чужие руки,
Ни матери, ни другу, ни жене.
Лишь только мне она свои вверяла звуки
И песни нежные лишь только пела мне.

Цветите, юные! И здоровейте телом!
У вас иная жизнь, у вас другой напев.
А я пойду один к неведомым пределам,
Душой бунтующей навеки присмирев.

Но и тогда,
Когда на всей планете
Пройдет вражда племен,
Исчезнет ложь и грусть,—
Я буду воспевать
Всем существом в поэте
Шестую часть земли
С названьем кратким «Русь».

⟨1924⟩

*

Издатель славный! В этой книге
Я новым чувствам предаюсь,
Учусь постигнуть в каждом миге
Коммуной вздыбленную Русь.

Пускай о многом неумело
Шептал бумаге карандаш,
Душа спросонок хрипло пела,
Не понимая праздник наш.

Но ты видением поэта
Прочтешь не в буквах, а в другом,
Что в той стране, где власть Советов,
Не пишут старым языком.

И, разбирая опыт смелый,
Меня насмешке не предашь,—
Лишь потому так неумело.
Шептал бумаге карандаш.

⟨1924⟩

СТАНСЫ

Посвящается П. Чагину

Я о своем таланте
Много знаю.
Стихи — не очень трудные дела.
Но более всего
Любовь к родному краю
Меня томила,
Мучила и жгла.

Стишок писнуть,
Пожалуй, всякий может —
О девушке, о звездах, о луне...
Но мне другое чувство
Сердце гложет,
Другие думы
Давят череп мне.

Хочу я быть певцом
И гражданином,
Чтоб каждому,
Как гордость и пример,
Был настоящим,
А не сводным сыном —
В великих штатах СССР.

Я из Москвы надолго убежал:
С милицией я ладить

Не в сноровке,
За всякий мой пивной скандал
Они меня держали
В тигулевке.

Благодарю за дружбу граждан сих,
Но очень жестко
Спать там на скамейке
И пьяным голосом
Читать какой-то стих
О клеточной судьбе
Несчастной канарейки.

Я вам не кенар!
Я поэт!
И не чета каким-то там Демьянам.
Пускай бываю иногда я пьяным,
Зато в глазах моих
Прозрений дивных свет.

Я вижу все
И ясно понимаю,
Что эра новая —
Не фунт изюму вам,
Что имя Ленина
Шумит, как ветр, по краю,
Давая мыслям ход,
Как мельничным крылам.

Вертитесь, милые!
Для вас обещан прок.
Я вам племянник,
Вы же мне все дяди.
Давай, Сергей,
За Маркса тихо сядем,
Понюхаем премудрость
Скучных строк.

Дни, как ручьи, бегут
В туманную реку.
Мелькают города,
Как буквы по бумаге.
Недавно был в Москве,
А нынче вот в Баку.
В стихию промыслов
Нас посвящает Чагин.

«Смотри,— он говорит,—
Не лучше ли церквей
Вот эти вышки
Черных нефть-фонтанов.
Довольно с нас мистических туманов,
Воспой, поэт,
Что крепче и живей».

Нефть на воде,
Как одеяло перса,
И вечер по небу
Рассыпал звездный куль.
Но я готов поклясться
Чистым сердцем,
Что фонари
Прекрасней звезд в Баку.

Я полон дум об индустрийной мощи,
Я слышу голос человечьих сил.
Довольно с нас
Небесных всех светил —
Нам на земле
Устроить это проще.

И, самого себя
По шее гладя,
Я говорю:

«Настал наш срок,
Давай, Сергей,
За Маркса тихо сядем,
Чтоб разгадать
Премудрость скучных строк».

⟨*1924*⟩

БАЛЛАДА О ДВАДЦАТИ ШЕСТИ

С любовью —
прекрасному художнику
Г. Якулову

Пой песню, поэт,
Пой.
Ситец неба такой
Голубой.
Море тоже рокочет
Песнь.
Их было
26.
26 их было,
26.
Их могилы пескам
Не занесть.
Не забудет никто
Их расстрел
На 207-ой
Версте.
Там за морем гуляет
Туман.
Видишь, встал из песка
Шаумян.
Над пустыней костлявый
Стук.
Вон еще 50
Рук

Вылезают, стирая
Плеснь.
26 их было,
26.

Кто с прострелом в груди,
Кто в боку,
Говорят:
«Нам пора в Баку —
Мы посмотрим,
Пока есть туман,
Как живет
Азербайджан».

. . . .

. . . .

Ночь, как дыню,
Катит луну.
Море в берег
Струит волну.
Вот в такую же ночь
И туман
Расстрелял их
Отряд англичан.

Коммунизм —
Знамя всех свобод.
Ураганом вскипел
Народ.
На империю встали
В ряд
И крестьянин
И пролетариат.
Там, в России,
Дворянский бич

Был наш строгий отец
Ильич.
А на Востоке
Здесь
Их было
26.

Все помнят, конечно,
Тот,
18-й, несчастный
Год.
Тогда буржуа
Всех стран
Обстреливали
Азербайджан.

Тяжел был Коммуне
Удар.
Не вынес сей край
И пал,
Но жутче всем было
Весть
Услышать
Про 26.

В пески, что как плавленый
Воск,
Свезли их
За Красноводск.
И кто саблей,
Кто пулей в бок,
Всех сложили на желтый
Песок.

26 их было,
26.
Их могилы пескам

Не занесть.
Не забудет никто
Их расстрел
На 207-ой
Версте.

Там за морем гуляет
Туман.
Видишь, встал из песка
Шаумян.
Над пустыней костлявый
Стук.
Вон еще 50
Рук
Вылезают, стирая
Плеснь.
26 их было,
26.

. . . .

Ночь как будто сегодня
Бледней.
Над Баку
26 теней.
Теней этих
26.
О них наша боль
И песнь.

То не ветер шумит,
Не туман.
Слышишь, как говорит
Шаумян:
«Джапаридзе,
Иль я ослеп,
Посмотри:
У рабочих хлеб.

Нефть — как черная
Кровь земли.
Паровозы кругом...
Корабли...
И во все корабли,
В поезда
Вбита красная наша
Звезда».

Джапаридзе в ответ:
«Да, есть.
Это очень приятная
Весть.
Значит, крепко рабочий
Класс
Держит в цепких руках
Кавказ.

Ночь, как дыню,
Катит луну.
Море в берег
Струит волну.
Вот в такую же ночь
И туман
Расстрелял нас
Отряд англичан».

Коммунизм —
Знамя всех свобод.
Ураганом вскипел
Народ.
На империю встали
В ряд
И крестьянин
И пролетариат.

Там, в России,
Дворянский бич
Был наш строгий отец
Ильич.
А на Востоке
Здесь
26 их было,
26.

. . . .

Свет небес все синей
И синей.
Молкнет говор
Дорогих теней.
Кто в висок прострелен,
А кто в грудь.
К Ахч-Куйме
Их обратный путь...

Пой, поэт, песню,
Пой.
Ситец неба такой
Голубой.
Море тоже рокочет
Песнь.
26 их было,
26.

*Сентябрь 1924
Баку*

*

Отговорила роща золотая
Березовым, веселым языком,
И журавли, печально пролетая,
Уж не жалеют больше ни о ком.

Кого жалеть? Ведь каждый в мире странник —
Пройдет, зайдет и вновь оставит дом.
О всех ушедших грезит конопляник
С широким месяцем над голубым прудом.

Стою один среди равнины голой,
А журавлей относит ветер в даль,
Я полон дум о юности веселой,
Но ничего в прошедшем мне не жаль.

Не жаль мне лет, растраченных напрасно,
Не жаль души сиреневую цветь.
В саду горит костер рябины красной,
Но никого не может он согреть.

Не обгорят рябиновые кисти,
От желтизны не пропадет трава,
Как дерево роняет тихо листья,
Так я роняю грустные слова.

И если время, ветром разметая,
Сгребет их все в один ненужный ком...
Скажите так... что роща золотая
Отговорила милым языком.

1924

СУКИН СЫН

Снова выплыли годы из мрака
И шумят, как ромашковый луг.
Мне припомнилась нынче собака,
Что была моей юности друг.

Нынче юность моя отшумела,
Как подгнивший под окнами клен,
Но припомнил я девушку в белом,
Для которой был пес почтальон.

Не у всякого есть свой близкий,
Но она мне как песня была,
Потому что мои записки
Из ошейника пса не брала.

Никогда она их не читала,
И мой почерк ей был незнаком,
Но о чем-то подолгу мечтала
У калины за желтым прудом.

Я страдал... Я хотел ответа...
Не дождался... уехал... И вот
Через годы... известным поэтом
Снова здесь, у родимых ворот.

Та собака давно околела.
Но в ту ж масть, что с отливом в синь,
С лаем ливисто ошалелым
Меня встрел молодой ее сын.

Мать честная! И как же схожи!
Снова выплыла боль души.
С этой болью я будто моложе,
И хоть снова записки пиши.

Рад послушать я песню былую,
Но не лай ты! Не лай! Не лай!
Хочешь, пес, я тебя поцелую
За пробужденный в сердце май?

Поцелую, прижмусь к тебе телом
И, как друга, введу тебя в дом...
Да, мне нравилась девушка в белом,
Но теперь я люблю в голубом.

⟨1924⟩

*

Низкий дом с голубыми ставнями,
Не забыть мне тебя никогда,—
Слишком были такими недавними
Отзвучавшие в сумрак года.

До сегодня еще мне снится
Наше поле, луга и лес,
Принакрытые сереньким ситцем
Этих северных бедных небес.

Восхищаться уж я не умею
И пропасть не хотел бы в глуши,
Но, наверно, навеки имею
Нежность грустную русской души.

Полюбил я седых журавлей
С их курлыканьем в тощие дали,
Потому что в просторах полей
Они сытых хлебов не видали.

Только видели березь да цветь,
Да ракитник, кривой и безлистый,
Да разбойные слышали свисты,
От которых легко умереть.

Как бы я и хотел не любить,
Все равно не могу научиться,
И под этим дешевеньким ситцем
Ты мила мне, родимая выть.

Потому так и днями недавними
Уж не юные веют года...
Низкий дом с голубыми ставнями,
Не забыть мне тебя никогда.

⟨1924⟩

РУСЬ УХОДЯЩАЯ

Мы многое еще не сознаем,
Питомцы ленинской победы,
И песни новые
По-старому поем,
Как нас учили бабушки и деды.

Друзья! Друзья!
Какой раскол в стране,
Какая грусть в кипении веселом!
Знать, оттого так хочется и мне,
Задрав штаны,
Бежать за комсомолом.

Я уходящих в грусти не виню,
Ну где же старикам
За юношами гнаться?
Они несжатой рожью на корню
Остались догнивать и осыпаться.

И я, я сам,
Не молодой, не старый,
Для времени навозом обречен.
Не потому ль кабацкий звон гитары
Мне навевает сладкий сон?

Гитара милая,
Звени, звени!
Сыграй, цыганка, что-нибудь такое,

Чтоб я забыл отравленные дни,
Не знавшие ни ласки, ни покоя.

Советскую я власть виню,
И потому я на нее в обиде,
Что юность светлую мою
В борьбе других я не увидел.

Что видел я?
Я видел только бой
Да вместо песен
Слышал канонаду.
Не потому ли с желтой головой
Я по планете бегал до упаду?

Но все ж я счастлив.
В сонме бурь
Неповторимые я вынес впечатленья.
Вихрь нарядил мою судьбу
В золототканое цветенье.

Я человек не новый!
Что скрывать?
Остался в прошлом я одной ногою,
Стремясь догнать стальную рать,
Скольжу и падаю другою.

Но есть иные люди.
Те
Еще несчастней и забытей.
Они, как отруби в решете,
Средь непонятных им событий.

Я знаю их
И подсмотрел:
Глаза печальнее коровьих.

Средь человечьих мирных дел,
Как пруд, заплесневела кровь их.

Кто бросит камень в этот пруд?
Не троньте!
Будет запах смрада.
Они в самих себе умрут,
Истлеют падью листопада.

А есть другие люди,
Те, что верят,
Что тянут в будущее робкий взгляд.
Почесывая зад и перед,
Они о новой жизни говорят.

Я слушаю. Я в памяти смотрю,
О чем крестьянская судачит оголь.
«С Советской властью жить нам по нутрю...
Теперь бы ситцу... Да гвоздей немного...»

Как мало надо этим брадачам,
Чья жизнь в сплошном
Картофеле и хлебе.
Чего же я ругаюсь по ночам
На неудачный, горький жребий?

Я тем завидую,
Кто жизнь провел в бою,
Кто защищал великую идею.
А я, сгубивший молодость свою,
Воспоминаний даже не имею.

Какой скандал!
Какой большой скандал!
Я очутился в узком промежутке.

Ведь я мог дать
Не то, что дал,
Что мне давалось ради шутки.

Гитара милая,
Звени, звени!
Сыграй, цыганка, что-нибудь такое,
Чтоб я забыл отравленные дни,
Не знавшие ни ласки, ни покоя.

Я знаю, грусть не утопить в вине,
Не вылечить души
Пустыней и отколом.
Знать, оттого так хочется и мне,
Задрав штаны,
Бежать за комсомолом.

2 ноября 1924

ПИСЬМО К ЖЕНЩИНЕ

Вы помните,
Вы всё, конечно, помните,
Как я стоял,
Приблизившись к стене,
Взволнованно ходили вы по комнате
И что-то резкое
В лицо бросали мне.

Вы говорили:
Нам пора расстаться,
Что вас измучила
Моя шальная жизнь,
Что вам пора за дело приниматься,
А мой удел —
Катиться дальше, вниз.

Любимая!
Меня вы не любили.
Не знали вы, что в сонмище людском
Я был, как лошадь, загнанная в мыле,
Пришпоренная смелым ездоком.

Не знали вы,
Что я в сплошном дыму,
В развороченном бурей быте
С того и мучаюсь, что не пойму —
Куда несет нас рок событий.

Лицом к лицу
Лица не увидать.
Большое видится на расстоянье.
Когда кипит морская гладь,
Корабль в плачевном состоянье.

Земля — корабль!
Но кто-то вдруг
За новой жизнью, новой славой
В прямую гущу бурь и вьюг
Ее направил величаво.

Ну кто ж из нас на палубе большой
Не падал, не блевал и не ругался?
Их мало, с опытной душой,
Кто крепким в качке оставался.

Тогда и я
Под дикий шум,
Незрело знающий работу,
Спустился в корабельный трюм,
Чтоб не смотреть людскую рвоту.
Тот трюм был —
Русским кабаком.
И я, склонился над стаканом,
Чтоб, не страдая ни о ком,
Себя сгубить
В угаре пьяном.

Любимая!
Я мучил вас,
У вас была тоска
В глазах усталых:
Что я пред вами напоказ
Себя растрачивал в скандалах.

Но вы не знали,
Что в сплошном дыму,
В развороченном бурей быте
С того и мучаюсь,
Что не пойму,
Куда несет нас рок событий...

. . . .

Теперь года прошли,
Я в возрасте ином.
И чувствую и мыслю по-иному.
И говорю за праздничным вином:
Хвала и слава рулевому!

Сегодня я
В ударе нежных чувств.
Я вспомнил вашу грустную усталость.
И вот теперь
Я сообщить вам мчусь,
Каков я был
И что со мною сталось!

Любимая!
Сказать приятно мне:
Я избежал паденья с кручи.
Теперь в Советской стороне
Я самый яростный попутчик.

Я стал не тем,
Кем был тогда.
Не мучил бы я вас,
Как это было раньше.
За знамя вольности
И светлого труда
Готов идти хоть до Ла-Манша.

Простите мне...
Я знаю: вы не та —
Живете вы
С серьезным, умным мужем;
Что не нужна вам наша маета,
И сам я вам
Ни капельки не нужен.

Живите так,
Как вас ведет звезда,
Под кущей обновленной сени.
С приветствием,
Вас помнящий всегда
Знакомый ваш
                С е р г е й   Е с е н и н.

⟨1924⟩

ПОЭТАМ ГРУЗИИ

Писали раньше
Ямбом и октавой.
Классическая форма
Умерла,
Но ныне, в век наш
Величавый,
Я вновь ей вздернул
Удила.

Земля далекая!
Чужая сторона!
Грузинские кремнистые дороги.
Вино янтарное
В глаза струит луна,
В глаза глубокие,
Как голубые роги.

Поэты Грузии!
Я ныне вспомнил вас.
Приятный вечер вам,
Хороший, добрый час!

Товарищи по чувствам,
По перу,
Словесных рек кипение
И шорох,
Я вас люблю,

Как шумную Куру,
Люблю в пирах и в разговорах.

Я — северный ваш друг
И брат!
Поэты — все единой крови.
И сам я тоже азиат
В поступках, в помыслах
И слове.

И потому в чужой
Стране
Вы близки
И приятны мне.

Века всё смелют,
Дни пройдут,
Людская речь
В один язык сольется.
Историк, сочиняя труд,
Над нашей рознью улыбнется.

Он скажет:
В пропасти времен
Есть изысканья и приметы...
Дралися сонмища племен,
Зато не ссорились поэты.

Свидетельствует
Вещий знак:
Поэт поэту
Есть кунак.

Самодержавный
Русский гнет
Сжимал все лучшее за горло,
Его мы кончили —

И вот
Свобода крылья распростерла.

И каждый в пламени своем
Своим мотивом и наречьем,
Мы всяк
По-своему поем,
Поддавшись чувствам
Человечьим...

Свершился дивный
Рок судьбы:
Уже мы больше
Не рабы.

Поэты Грузии,
Я ныне вспомнил вас,
Приятный вечер вам,
Хороший, добрый час!..

Товарищи по чувствам,
По перу,
Словесных рек кипение
И шорох,
Я вас люблю,
Как шумную Куру,
Люблю в пирах и в разговорах.

⟨1924⟩

ПИСЬМО ОТ МАТЕРИ

Чего же мне
Еще теперь придумать,
О чем теперь
Еще мне написать?
Передо мной
На столике угрюмом
Лежит письмо,
Что мне прислала мать.

Она мне пишет:
«Если можешь ты,
То приезжай, голубчик,
К нам на святки.
Купи мне шаль,
Отцу купи порты,
У нас в дому
Большие недостатки.

Мне страх не нравится,
Что ты поэт,
Что ты сдружился
С славою плохою.
Гораздо лучше б
С малых лет
Ходил ты в поле за сохою.

Стара я стала
И совсем плоха,

Но если б дома
Был ты изначала,
То у меня
Была б теперь сноха
И на ноге
Внучонка я качала.

Но ты детей
По свету растерял,
Свою жену
Легко отдал другому,
И без семьи, без дружбы,
Без причал
Ты с головой
Ушел в кабацкий омут.

Любимый сын мой,
Что с тобой?
Ты был так кроток,
Был так смиренен.
И говорили все наперебой:
Какой счастливый
Александр Есенин!

В тебе надежды наши
Не сбылись,
И на душе
С того больней и горше,
Что у отца
Была напрасной мысль,
Чтоб за стихи
Ты денег брал побольше.

Хоть сколько б ты
Ни брал,
Ты не пошлешь их в дом,

И потому так горько
Речи льются,
Что знаю я
На опыте твоем:
Поэтам деньги не даются.

Мне страх не нравится, что ты поэт,
Что ты сдружился
С славою плохою.
Гораздо лучше б
С малых лет
Ходил ты в поле за сохою.

Теперь сплошная грусть,
Живем мы, как во тьме.
У нас нет лошади.
Но если б был ты в доме,
То было б все,
И при твоем уме —
Пост председателя
В волисполкоме.

Тогда б жилось смелей,
Никто б нас не тянул,
И ты б не знал
Ненужную усталость,
Я б заставляла
Прясть
Твою жену,
А ты, как сын,
Покоил нашу старость».

. . . .

Я комкаю письмо,
Я погружаюсь в жуть.

Ужель нет выхода
В моем пути заветном?
Но все, что думаю,
Я после расскажу.
Я расскажу
В письме ответном...

⟨*1924*⟩

ОТВЕТ

Старушка милая,
Живи, как ты живешь.
Я нежно чувствую
Твою любовь и память.
Но только ты
Ни капли не поймешь —
Чем я живу
И чем я в мире занят.

Теперь у вас зима.
И лунными ночами,
Я знаю, ты
Помыслишь не одна,
Как будто кто
Черемуху качает
И осыпает
Снегом у окна.

Родимая!
Ну как заснуть в метель?
В трубе так жалобно
И так протяжно стонет.
Захочешь лечь,
Но видишь не постель,
А узкий гроб
И — что тебя хоронят.

Как будто тысяча
Гнусавейших дьячков,
Поет она плакидой —
Сволочь-вьюга!
И снег ложится
Вроде пятачков,
И нет за гробом
Ни жены, ни друга!

Я более всего
Весну люблю.
Люблю разлив
Стремительным потоком,
Где каждой щепке,
Словно кораблю,
Такой простор,
Что не окинешь оком.

Но ту весну,
Которую люблю,
Я революцией великой
Называю!
И лишь о ней
Страдаю и скорблю,
Ее одну
Я жду и призываю!

Но эта пакость —
Хладная планета!
Ее и Солнцем-Лениным
Пока не растопить!
Вот потому
С больной душой поэта
Пошел скандалить я,
Озорничать и пить.

Но время будет,
Милая, родная!

Она придет, желанная пора!
Недаром мы
Присели у орудий:
Тот сел у пушки,
Этот — у пера.

Забудь про деньги ты,
Забудь про все.
Какая гибель?!
Ты ли это, ты ли?
Ведь не корова я,
Не лошадь, не осел,
Чтобы меня
Из стойла выводили!

Я выйду сам,
Когда настанет срок,
Когда пальнуть
Придется по планете,
И, воротясь,
Тебе куплю платок,
Ну, а отцу
Куплю я штуки эти.

Пока ж — идет метель,
И тысячей дьячков
Поет она плакидой —
Сволочь-вьюга.
И снег ложится
Вроде пятачков,
И нет за гробом
Ни жены, ни друга.

⟨1924⟩

Из цикла „Персидские мотивы"

*

Улеглась моя былая рана —
Пьяный бред не гложет сердце мне.
Синими цветами Тегерана
Я лечу их нынче в чайхане.

Сам чайханщик с круглыми плечами,
Чтобы славилась пред русским чайхана,
Угощает меня красным чаем
Вместо крепкой водки и вина.

Угощай, хозяин, да не очень.
Много роз цветет в твоем саду.
Незадаром мне мигнули очи,
Приоткинув черную чадру.

Мы в России девушек весенних
На цепи не держим, как собак,
Поцелуям учимся без денег,
Без кинжальных хитростей и драк.

Ну, а этой за движенья стана,
Что лицом похожа на зарю,
Подарю я шаль из Хороссана
И ковер ширазский подарю.

Наливай, хозяин, крепче чаю,
Я тебе вовеки не солгу.
За себя я нынче отвечаю,
За тебя ответить не могу.

И на дверь ты взглядывай не очень,
Все равно калитка есть в саду...
Незадаром мне мигнули очи,
Приоткинув черную чадру.

1924

*

Никогда я не был на Босфоре,
Ты меня не спрашивай о нем.
Я в твоих глазах увидел море,
Полыхающее голубым огнем.

Не ходил в Багдад я с караваном,
Не возил я шелк туда и хну.
Наклонись своим красивым станом,
На коленях дай мне отдохнуть.

Или снова, сколько ни проси я,
Для тебя навеки дела нет,
Что в далеком имени — Россия —
Я известный, признанный поэт.

У меня в душе звенит тальянка,
При луне собачий слышу лай.
Разве ты не хочешь, персиянка,
Увидать далекий синий край?

Я сюда приехал не от скуки —
Ты меня, незримая, звала.
И меня твои лебяжьи руки
Обвивали, словно два крыла.

Я давно ищу в судьбе покоя,
И хоть прошлой жизни не кляну,
Расскажи мне что-нибудь такое
Про твою веселую страну.

Заглуши в душе тоску тальянки,
Напои дыханьем свежих чар,
Чтобы я о дальней северянке
Не вздыхал, не думал, не скучал.

И хотя я не был на Босфоре —
Я тебе придумаю о нем.
Все равно — глаза твои, как море,
Голубым колышутся огнем.

21 декабря 1924

*

Быть поэтом — это значит тоже,
Если правды жизни не нарушить,
Рубцевать себя по нежной коже,
Кровью чувств ласкать чужие души.

Быть поэтом — значит петь раздольно,
Чтобы было для тебя известней.
Соловей поет — ему не больно,
У него одна и та же песня.

Канарейка с голоса чужого —
Жалкая, смешная побрякушка.
Миру нужно песенное слово
Петь по-свойски, даже как лягушка.

Магомет перехитрил в Коране,
Запрещая крепкие напитки,
Потому поэт не перестанет
Пить вино, когда идет на пытки.

И когда поэт идет к любимой,
А любимая с другим лежит на ложе,
Влагою живительной хранимый,
Он ей в сердце не запустит ножик.

Но, горя ревнивою отвагой,
Будет вслух насвистывать до дома:
«Ну и что ж, помру себе бродягой,
На земле и это нам знакомо».

Август 1925

МОЙ ПУТЬ

Жизнь входит в берега.
Села давнишний житель,
Я вспоминаю то,
Что видел я в краю.
Стихи мои,
Спокойно расскажите
Про жизнь мою.

Изба крестьянская.
Хомутный запах дегтя,
Божница старая,
Лампады кроткий свет.
Как хорошо,
Что я сберег те
Все ощущенья детских лет.

Под окнами
Костер метели белой.
Мне девять лет.
Лежанка, бабка, кот...
И бабка что-то грустное
Степное пела,
Порой зевая
И крестя свой рот.

Метель ревела.
Под оконцем
Как будто бы плясали мертвецы.

Тогда империя
Вела войну с японцем,
И всем далекие
Мерещились кресты.

Тогда не знал я
Черных дел России.
Не знал, зачем
И почему война.
Рязанские поля,
Где мужики косили,
Где сеяли свой хлеб,
Была моя страна.

Я помню только то,
Что мужики роптали,
Бранились в черта,
В бога и в царя.
Но им в ответ
Лишь улыбались дали
Да наша жидкая
Лимонная заря.

Тогда впервые
С рифмой я схлестнулся.
От сонма чувств
Вскружилась голова.
И я сказал:
Коль этот зуд проснулся,
Всю душу выплещу в слова.

Года далекие,
Теперь вы как в тумане.
И помню, дед мне
С грустью говорил:
«Пустое дело...
Ну, а если тянет —

Пиши про рожь,
Но больше про кобыл».

Тогда в мозгу,
Влеченьем к музе сжатом,
Текли мечтанья
В тайной тишине,
Что буду я
Известным и богатым
И будет памятник
Стоять в Рязани мне.

В пятнадцать лет
Взлюбил я до печенок
И сладко думал,
Лишь уединюсь,
Что я на этой
Лучшей из девчонок,
Достигнув возраста, женюсь.

. . . .

Года текли.
Года меняют лица —
Другой на них
Ложится свет.
Мечтатель сельский —
Я в столице
Стал первокласснейший поэт.

И, заболев
Писательскою скукой,
Пошел скитаться я
Средь разных стран,
Не веря встречам,
Не томясь разлукой,
Считая мир весь за обман.

Тогда я понял,
Что такое Русь.
Я понял, что такое слава.
И потому мне
В душу грусть
Вошла, как горькая отрава.

На кой мне черт,
Что я поэт!..
И без меня в достатке дряни.
Пускай я сдохну,
Только...
Нет,
Не ставьте памятник в Рязани!

Россия... Царщина...
Тоска...
И снисходительность дворянства.
Ну что ж!
Так принимай, Москва,
Отчаянное хулиганство.

Посмотрим —
Кто кого возьмет!
И вот в стихах моих
Забила
В салонный вылощенный
Сброд
Мочой рязанская кобыла.

Не нравится?
Да, вы правы —
Привычка к Лориган
И к розам...
Но этот хлеб,
Что жрете вы,—
Ведь мы его того-с...
Навозом...

Еще прошли года.
В годах такое было,
О чем в словах
Всего не рассказать:
На смену царщине
С величественной силой
Рабочая предстала рать.

Устав таскаться
По чужим пределам,
Вернулся я
В родимый дом.
Зеленокосая,
В юбчонке белой
Стоит береза над прудом.

Уж и береза!
Чудная... А груди...
Таких грудей
У женщин не найдешь.
С полей обрызганные солнцем
Люди
Везут навстречу мне
В телегах рожь.

Им не узнать меня,
Я им прохожий.
Но вот проходит
Баба, не взглянув.
Какой-то ток
Невыразимой дрожи
Я чувствую во всю спину.

Ужель она?
Ужели не узнала?
Ну и пускай,
Пускай себе пройдет...

И без меня ей
Горечи немало —
Недаром лег
Страдальчески так рот.

По вечерам,
Надвинув ниже кепи,
Чтобы не выдать
Холода очей,—
Хожу смотреть я
Скошенные степи
И слушать,
Как звенит ручей.

Ну что же?
Молодость прошла!
Пора приняться мне
За дело,
Чтоб озорливая душа
Уже по-зрелому запела.

И пусть иная жизнь села
Меня наполнит
Новой силой,
Как раньше
К славе привела
Родная русская кобыла.

⟨1925⟩

СОБАКЕ КАЧАЛОВА

Дай, Джим, на счастье лапу мне,
Такую лапу не видал я сроду.
Давай с тобой полаем при луне
На тихую, бесшумную погоду.
Дай, Джим, на счастье лапу мне.

Пожалуйста, голубчик, не лижись.
Пойми со мной хоть самое простое.
Ведь ты не знаешь, что такое жизнь,
Не знаешь ты, что жить на свете стоит.

Хозяин твой и мил и знаменит,
И у него гостей бывает в доме много,
И каждый, улыбаясь, норовит
Тебя по шерсти бархатной потрогать.

Ты по-собачьи дьявольски красив,
С такою милою доверчивой приятцей.
И, никого ни капли не спросив,
Как пьяный друг, ты лезешь целоваться.

Мой милый Джим, среди твоих гостей
Так много всяких и невсяких было.
Но та, что всех безмолвней и грустней,
Сюда случайно вдруг не заходила?

Она придет, даю тебе поруку.
И без меня, в ее уставясь взгляд,
Ты за меня лизни ей нежно руку
За все, в чем был и не был виноват.

1925

*

Несказанное, синее, нежное...
Тих мой край после бурь, после гроз,
И душа моя — поле безбрежное —
Дышит запахом меда и роз.

Я утих. Годы сделали дело,
Но того, что прошло, не кляну.
Словно тройка коней оголтелая
Прокатилась во всю страну.

Напылили кругом. Накопытили.
И пропали под дьявольский свист.
А теперь вот в лесной обители
Даже слышно, как падает лист.

Колокольчик ли? Дальнее эхо ли?
Все спокойно впивает грудь.
Стой, душа, мы с тобой проехали
Через бурный положенный путь.

Разберемся во всем, что видели,
Что случилось, что сталось в стране,
И простим, где нас горько обидели
По чужой и по нашей вине.

Принимаю, что было и не было,
Только жаль на тридцатом году —
Слишком мало я в юности требовал,
Забываясь в кабацком чаду.

Но ведь дуб молодой, не разжелудясь,
Так же гнется, как в поле трава...
Эх ты, молодость, буйная молодость,
Золотая сорвиголова!

1925

*

Заря окликает другую,
Дымится овсяная гладь...
Я вспомнил тебя, дорогую,
Моя одряхлевшая мать.

Как прежде ходя на пригорок,
Костыль свой сжимая в руке,
Ты смотришь на лунный опорок,
Плывущий по сонной реке.

И думаешь горько, я знаю,
С тревогой и грустью большой,
Что сын твой по отчему краю
Совсем не болеет душой.

Потом ты идешь до погоста
И, в камень уставясь в упор,
Вздыхаешь так нежно и просто
За братьев моих и сестер.

Пускай мы росли ножевые,
А сестры росли, как май,
Ты все же глаза живые
Печально не подымай.

Довольно скорбеть! Довольно!
И время тебе подсмотреть,
Что яблоне тоже больно
Терять своих листьев медь.

Ведь радость бывает редко,
Как вешняя звень поутру,
И мне — чем сгнивать на ветках —
Уж лучше сгореть на ветру.

⟨1925⟩

*

Синий май. Заревая теплынь.
Не прозвякнет кольцо у калитки.
Липким запахом веет полынь.
Спит черемуха в белой накидке.

В деревянные крылья окна
Вместе с рамами в тонкие шторы
Вяжет взбалмошная луна
На полу кружевные узоры.

Наша горница хоть и мала,
Но чиста. Я с собой на досуге...
В этот вечер вся жизнь мне мила,
Как приятная память о друге.

Сад полышет, как пенный пожар,
И луна,- напрягая все силы,
Хочет так, чтобы каждый дрожал
От щемящего слова «милый».

Только я в эту цветь, в эту гладь,
Под тальянку веселого мая,
Ничего не могу пожелать,
Все, как есть, без конца принимая.

Принимаю — приди и явись,
Все явись, в чем есть боль и отрада...
Мир тебе, отшумевшая жизнь.
Мир тебе, голубая прохлада.

1925

*

Неуютная жидкая лунность
И тоска бесконечных равнин,—
Вот что видел я в резвую юность,
Что, любя, проклинал не один.

По дорогам усохшие вербы
И тележная песня колес...
Ни за что не хотел я теперь бы,
Чтоб мне слушать ее привелось.

Равнодушен я стал к лачугам,
И очажный огонь мне не мил,
Даже яблонь весеннюю вьюгу
Я за бедность полей разлюбил.

Мне теперь по душе иное.
И в чахоточном свете луны
Через каменное и стальное
Вижу мощь я родной стороны.

Полевая Россия! Довольно
Волочиться сохой по полям!
Нищету твою видеть больно
И березам и тополям.

Я не знаю, что будет со мною...
Может, в новую жизнь не гожусь,
Но и все же хочу я стальною
Видеть бедную, нищую Русь.

И, внимая моторному лаю
В сонме вьюг, в сонме бурь и гроз,
Ни за что я теперь не желаю
Слушать песню тележных колес.

⟨1925⟩

*

Каждый труд благослови, удача!
Рыбаку — чтоб с рыбой невода,
Пахарю — чтоб плуг его и кляча
Доставали хлеба на года.

Воду пьют из кружек и стаканов,
Из кувшинок также можно пить —
Там, где омут розовых туманов
Не устанет берег золотить.

Хорошо лежать в траве зеленой
И, впиваясь в призрачную гладь,
Чей-то взгляд, ревнивый и влюбленный,
На себе, уставшем, вспоминать.

Коростели свищут... коростели...
Потому так и светлы всегда
Те, что в жизни сердцем опростели
Под веселой ношею труда.

Только я забыл, что я крестьянин,
И теперь рассказываю сам,
Соглядатай праздный, я ль не странен
Дорогим мне пашням и лесам.

Словно жаль кому-то и кого-то,
Словно кто-то к родине отвык,
И с того, поднявшись над болотом,
В душу плачут чибис и кулик.

12 июля 1925

*

Я иду долиной. На затылке кепи,
В лайковой перчатке смуглая рука.
Далеко сияют розовые степи,
Широко синеет тихая река.

Я — беспечный парень. Ничего не надо.
Только б слушать песни — сердцем подпевать,
Только бы струилась легкая прохлада,
Только б не сгибалась молодая стать.

Выйду на дорогу, выйду под откосы,—
Сколько там нарядных мужиков и баб!
Что-то шепчут грабли, что-то свищут косы.
«Эй, поэт, послушай, слаб ты иль не слаб?

На земле милее. Полно плавать в небо.
Как ты любишь долы, так бы труд любил.
Ты ли деревенским, ты ль крестьянским не был?
Размахнись косою, покажи свой пыл».

Ах, перо не грабли, ах, коса не ручка —
Но косой выводят строчки хоть куда.
Под весенним солнцем, под весенней тучкой
Их читают люди всякие года.

К черту я снимаю свой костюм английский.
Что же, дайте косу, я вам покажу —
Я ли вам не свойский, я ли вам не близкий,
Памятью деревни я ль не дорожу?

Нипочем мне ямы, нипочем мне кочки.
Хорошо косою в утренний туман
Выводить по долам травяные строчки,
Чтобы их читали лошадь и баран.

В этих строчках — песня, в этих строчках — слово.
Потому и рад я в думах ни о ком,
Что читать их может каждая корова,
Отдавая плату теплым молоком.

18 июля 1925

*

Спит ковыль. Равнина дорогая,
И свинцовой свежести полынь.
Никакая родина другая
Не вольет мне в грудь мою теплынь.

Знать, у всех у нас такая участь,
И, пожалуй, всякого спроси —
Радуясь, свирепствуя и мучась,
Хорошо живется на Руси.

Свет луны, таинственный и длинный,
Плачут вербы, шепчут тополя.
Но никто под окрик журавлиный
Не разлюбит отчие поля.

И теперь, когда вот новым светом
И моей коснулась жизнь судьбы,
Все равно остался я поэтом
Золотой бревенчатой избы.

По ночам, прижавшись к изголовью,
Вижу я, как сильного врага,
Как чужая юность брызжет новью
На мои поляны и луга.

Но и все же, новью той теснимый,
Я могу прочувственно пропеть:
Дайте мне на родине любимой,
Все любя, спокойно умереть!

Июль 1925

*

Листья падают, листья падают.
Стонет ветер,
Протяжен и глух.
Кто же сердце порадует?
Кто его успокоит, мой друг?

С отягченными веками
Я смотрю и смотрю на луну.
Вот опять петухи кукарекнули
В обосененную тишину.

Предрассветное. Синее. Раннее.
И летающих звезд благодать.
Загадать бы какое желание,
Да не знаю, чего пожелать.

Что желать под житейскою ношею,
Проклиная удел свой и дом?
Я хотел бы теперь хорошую
Видеть девушку под окном.

Чтоб с глазами она васильковыми
Только мне —
Не кому-нибудь —
И словами и чувствами новыми
Успокоила сердце и грудь.

Чтоб под этою белою лунностью,
Принимая счастливый удел,
Я над песней не таял, не млел
И с чужою веселою юностью
О своей никогда не жалел.

Август 1925

*

Сестре Шуре

Я красивых таких не видел,
Только, знаешь, в душе затаю
Не в плохой, а в хорошей обиде —
Повторяешь ты юность мою.

Ты — мое васильковое слово,
Я навеки люблю тебя.
Как живет теперь наша корова,
Грусть соломенную теребя?

Запоешь ты, а мне любимо,
Исцеляй меня детским сном.
Отгорела ли наша рябина,
Осыпаясь под белым окном?

Что поет теперь мать за куделью?
Я навеки покинул село,
Только знаю — багряной метелью
Нам листвы на крыльцо намело.

Знаю то, что о нас с тобой вместе
Вместо ласки и вместо слез
У ворот, как о сгибшей невесте,
Тихо воет покинутый пес.

Но и все ж возвращаться не надо,
Потому и достался не в срок,
Как любовь, как печаль и отрада,
Твой красивый рязанский платок.

13 сентября 1925

Сестре Шуре

Ты запой мне ту песню, что прежде
Напевала нам старая мать.
Не жалея о сгибшей надежде,
Я сумею тебе подпевать.

Я ведь знаю, и мне знакомо,
Потому и волнуй и тревожь —
Будто я из родимого дома
Слышу в голосе нежную дрожь.

Ты мне пой, ну, а я с такою,
Вот с такою же песней, как ты,
Лишь немного глаза прикрою —
Вижу вновь дорогие черты.

Ты мне пой. Ведь моя отрада —
Что вовек я любил не один
И калитку осеннего сада,
   опавшие листья с рябин.

Ты мне пой, ну, а я припомню
И не буду забывчиво хмур:
Так приятно и так легко мне
Видеть мать и тоскующих кур.

Я навек за туманы и росы
Полюбил у березки стан,
И ее золотистые косы,
И холщовый ее сарафан.

Потому так и сердцу не жестко —
Мне за песнею и за вином
Показалась ты той березкой,
Что стоит под родимым окном.

13 сентября 1925

Сестре Шуре

В этом мире я только прохожий,
Ты махни мне веселой рукой.
У осеннего месяца тоже
Свет ласкающий, тихий такой.

В первый раз я от месяца греюсь,
В первый раз от прохлады согрет,
И опять и живу и надеюсь
На любовь, которой уж нет.

Это сделала наша равнинность,
Посоленная белью песка,
И измятая чья-то невинность,
И кому-то родная тоска.

Потому и навеки не скрою,
Что любить не отдельно, не врозь
Нам одною любовью с тобою
Эту родину привелось.

13 сентября 1925

*

Снежная замять дробится и колется,
Сверху озябшая светит луна.
Снова я вижу родную околицу,
Через метель огонек у окна.

Все мы бездомники, много ли нужно нам.
То, что далось мне, про то и пою.
Вот я опять за родительским ужином,
Снова я вижу старушку мою.

Смотрит, а очи слезятся, слезятся,
Тихо, безмолвно, как будто без мук.
Хочет за чайную чашку взяться —
Чайная чашка скользит из рук.

Милая, добрая, старая, нежная,
С думами грустными ты не дружись,
Слушай — под эту гармонику снежную
Я расскажу про свою тебе жизнь.

Много я видел, и много я странствовал,
Много любил я и много страдал,
И оттого хулиганил и пьянствовал,
Что лучше тебя никого не видал.

Вот и опять у лежанки я греюсь,
Сбросил ботинки, пиджак свой раздел.
Снова я ожил и снова надеюсь
Так же, как в детстве, на лучший удел.

А за окном под метельные всхлипы,
В диком и шумном метельном чаду,
Кажется мне — осыпаются липы,
Белые липы в нашем саду.

20 сентября 1925

*

Синий туман. Снеговое раздолье,
Тонкий лимонный лунный свет.
Сердцу приятно с тихою болью
Что-нибудь вспомнить из ранних лет.

Снег у крыльца как песок зыбучий.
Вот при такой же луне без слов,
Шапку из кошки на лоб нахлобучив,
Тайно покинул я отчий кров.

Снова вернулся я в край родимый.
Кто меня помнит? Кто позабыл?
Грустно стою я, как странник гонимый,—
Старый хозяин своей избы.

Молча я комкаю новую шапку,
Не по душе мне соболий мех.
Вспомнил я дедушку, вспомнил я бабку,
Вспомнил кладбищенский рыхлый снег.

Все успокоились, все там будем,
Как в этой жизни радей не радей,—
Вот почему так тянусь я к людям,
Вот почему так люблю людей.

Вот отчего я чуть-чуть не заплакал
И, улыбаясь, душой погас,—
Эту избу на крыльце с собакой
Словно я вижу в последний раз.

24 сентября 1925

*

Мелколесье. Степь и дали.
Свет луны во все концы.
Вот опять вдруг зарыдали
Разливные бубенцы.

Неприглядная дорога,
Да любимая навек,
По которой ездил много
Всякий русский человек.

Эх вы, сани! Что за сани!
Звоны мерзлые осин.
У меня отец — крестьянин,
Ну, а я — крестьянский сын.

Наплевать мне на известность
И на то, что я поэт.
Эту чахленькую местность
Не видал я много лет.

Тот, кто видел хоть однажды
Этот край и эту гладь,
Тот почти березке каждой
Ножку рад поцеловать.

Как же мне не прослезиться,
Если с венкой в стынь и звень
Будет рядом веселиться
Юность русских деревень.

Эх, гармошка, смерть-отрава,
Знать, с того под этот вой
Не одна лихая слава
Пропадала трын-травой.

21/22 октября 1925

*

Цветы мне говорят — прощай,
Головками склоняясь ниже,
Что я навеки не увижу
Ее лицо и отчий край.

Любимая, ну, что ж! Ну, что ж!
Я видел их и видел землю,
И эту гробовую дрожь
Как ласку новую приемлю.

И потому, что я постиг
Всю жизнь, пройдя с улыбкой мимо,—
Я говорю на каждый миг,
Что все на свете повторимо.

Не все ль равно — придет другой,
Печаль ушедшего не сложит,
Оставленной и дорогой
Пришедший лучше песню сложит.

И, песне внемля в тишине,
Любимая с другим любимым,
Быть может, вспомнит обо мне
Как о цветке неповторимом.

27 октября 1925

*

Клен ты мой опавший, клен заледенелый,
Что стоишь нагнувшись под метелью белой?

Или что увидел? Или что услышал?
Словно за деревню погулять ты вышел.

И, как пьяный сторож, выйдя на дорогу,
Утонул в сугробе, приморозил ногу.

Ах, и сам я нынче чтой-то стал нестойкий,
Не дойду до дома с дружеской попойки.

Там вон встретил вербу, там сосну приметил,
Распевал им песни под метель о лете.

Сам себе казался я таким же кленом.
Только не опавшим, а вовсю зеленым.

И, утратив скромность, одуревши в доску,
Как жену чужую, обнимал березку.

28 ноября 1925

*

До свиданья, друг мой, до свиданья.
Милый мой, ты у меня в груди.
Предназначенное расставанье
Обещает встречу впереди.

До свиданья, друг мой, без руки, без слова,
Не грусти и не печаль бровей,—
В этой жизни умирать не ново,
Но и жить, конечно, не новей.

⟨1925⟩

ПРИМЕЧАНИЯ

Избранные стихотворения и поэмы Сергея Есенина, включенные в эту книгу, расположены в хронологическом порядке (с небольшими отклонениями).

Тексты печатаются по изданию: Е с е н и н С. А. Собр. соч. В 6-ти т. М., «Художественная литература», 1977—1980. Другие источники оговариваются особо. В примечаниях использованы материалы комментированных есенинских изданий.

«Г о й т ы, Р у с ь, м о я р о д н а я...» (с. 17). *Корогод* — хоровод. *Лехи* — полевые полосы.

«Ч е р н а я, п о́т о м п р о п а х ш а я в ы т ь...» (с. 18). *Выть* — надел земли. *Веретье* — полотно из брезента или домотканого холста. *Кукан* — здесь: выступающая в виде узкой полосы речная отмель.

«В ы т к а л с я н а о з е р е а л ы й с в е т з а р и...» (с. 20). Стихотворение впервые опубликовано в 1915 году (журн. «Млечный путь», М., 1915, № 3, март). Есть основание предполагать, что написано оно не ранее 1914 года.

В х а т е (с. 21). *Драчена* — кушанье из пшена и яиц. *Дежка* — деревянная кадка. *Махотка* — кринка для молока. *Печурка* — углубление в боковой части русской печи.

Р у с ь (с. 23). На обороте рукописи Есенин объяснил некоторые слова из стихотворения: *В погорающем инее* — облетающем, исчезающем инее. *Застреха* — полукрыша, намет соломы у карниза. *Шаль пурги* — снежный смерч (вьюга, зга, мзга). *Бласт* — видение.

«В том краю, где желтая крапива...» (с. 27). *Свей* — рябь из пыли или песка.

«О Русь, взмахни крылами...» (с. 41). Это стихотворение Есенин читал на открытии памятника А. Кольцову 3 ноября 1918 года.

«Разбуди меня завтра рано...» (с. 44). Ссылаясь на слова поэта, С. А. Толстая-Есенина писала, что стихотворение явилось его первым откликом на Февральскую революцию.

Кантата (с. 46). Создана к торжественному открытию мемориальной доски на Кремлевской стене в память павших героев революции. Стихотворение — вторая часть кантаты, которая состояла из трех частей; первая написана М. Герасимовым, третья — С. Клычковым; музыка — И. Шведова. Доска, выполненная скульптором С. Коненковым, была открыта в дни октябрьских торжеств 1918 года. На открытии мемориальной доски произнес речь В. И. Ленин.

Сорокоуст (с. 50). *Сорокоуст* — сорокадневная молитва по умершему. *Мариенгоф* Анатолий Борисович (1897—1962) — поэт и драматург, один из основателей группы имажинистов.

Черный человек (с. 65). Есть основания считать, что поэма написана за границей в период с июня 1922-го по февраль 1923 года. Дата 14 ноября 1925 поставлена Есениным под последней редакцией поэмы. Подробнее см.: Кошечкин С. Прескверный гость.— Журн. «Вопросы литературы», 1985, № 9.

«Мне осталась одна забава...» (с. 74). В одной из журнальных статей (1923) сообщается, что стихотворение написано во время заграничной поездки поэта.

«Заметался пожар голубой...» (с. 76). Стихотворение открывало цикл «Любовь хулигана», полностью впервые опубликовано в сб. «Москва кабацкая» с посвящением Августе Леонидовне *Миклашевской* (1901—1977) — актрисе Камерного театра. Кроме этого и четырех последующих, в цикл входили стихотворения: «Мне грустно на тебя смотреть...» и «Ты прохладой себя не мучай...».

Л е н и н. Отрывок из поэмы «Гуляй-поле» (с. 84). Замысел большой поэмы, посвященной революционным событиям и гражданской войне, остался неосуществленным.

П и с ь м о   к   м а т е р и (с. 90). Название восстановлено по сборнику: **Сергей Есенин.** Избранное. М., 1946, составленному С. А. Толстой-Есениной и редактированному П. И. Чагиным.

«М ы   т е п е р ь   у х о д и м   п о н е м н о г у...» (с. 92). Стихотворение написано на смерть поэта Александра Васильевича *Ширяевца* (наст. фамилия Абрамов; 1887—1924), внезапно умершего 15 мая 1924 года.

Р у с ь   с о в е т с к а я (с. 100). *Сахаров* Александр Михайлович (1894—1952) — товарищ Есенина, издательский работник.

«И з д а т е л ь   с л а в н ы й!   В   э т о й   к н и г е...» (с. 104). Обращено к заведующему Ленинградского отделения Госиздата поэту *Ионову* Илье Ильичу (наст. фамилия Бернштейн; 1887—1942). В 1924 году там предполагалось издание сборника стихов и поэм Есенина.

С т а н с ы (с. 105). *Тигулевка* — «холодная», арестантское помещение. *Чагин* Петр Иванович (1898—1967) — редактор газеты «Бакинский рабочий», партийный работник.

Б а л л а д а   о   д в а д ц а т и   ш е с т и (с. 109). *Якулов* Георгий Богданович (1884—1928) — художник, скульптор, автор проекта памятника двадцати шести бакинским комиссарам.

П и с ь м о   к   ж е н щ и н е (с. 126). Печатается по первым публикациям в газете «Заря Востока». Тифлис, 1924, № 747, 7 декабря и в сб.: **Сергей Есенин.** Русь советская. Стихи. Баку, «Бакинский рабочий», 1925.

П о э т а м   Г р у з и и (с. 130). ...*в глаза глубокие, как голубые дороги* — обыграно название литературной группы «Голубые роги» (1916—1930). В нее входили Паоло Яшвили, Тициан Табидзе, Галактион Табидзе, Георгий

Леонидзе, ставшие выдающимися поэтами Советской Грузии. *Кунак* — друг.

Письмо от матери (с. 133). *Есенин* Александр Никитич (1873—1931) — отец поэта.

Из цикла «Персидские мотивы» (с. 140). Стихотворения цикла навеяны поездками Есенина в Туркестан (1921), Азербайджан и Грузию (1924—1925), а также произведениями великих поэтов Востока Хафиза, Саади, Омара Хайяма, Фирдоуси. По замыслу поэта, цикл должен был состоять из двадцати стихотворений, написано пятнадцать.

«Быть поэтом — это значит тоже...» (с. 145). Печатается по первой публикации в газете «Бакинский рабочий», 1925, № 177, 7 августа.

Мой путь (с. 146). *Лориган* — название французских духов.

Собаке Качалова (с. 152). *Качалов* Василий Иванович (1875—1948) — артист Московского Художественного театра.

«Я красивых таких не видел...» (с. 167). Это и последующие два стихотворения посвящены младшей сестре поэта — Александре Александровне Есениной (1911—1981).

«Мелколесье. Степь и дали...» (с. 175). *Венка* — двухрядная гармошка.

«До свиданья, друг мой, до свиданья...» (с. 180). Последнее стихотворение С. Есенина.

КНИГИ С. ЕСЕНИНА
И ЛИТЕРАТУРА О ПОЭТЕ

КНИГИ С. ЕСЕНИНА

1. **Радуница.** Пг., Изд. М. В. Аверьянова, 1916.
   Первая книга поэта.
2. **Триптих.** Поэмы. Берлин, «Скифы», 1920.
3. **Пугачев.** М., «Имажинисты», 1922.
4. **Собрание стихов и поэм.** Т. 1. Берлин — Петербург — Москва, Изд. З. И. Гржебина, 1922.
   Второй том не выходил.
5. **Избранное.** М., Госиздат, 1922.
6. **Москва кабацкая.** Л., Тип. Госиздата, 1924.
7. **Русь советская.** Баку, «Бакинский рабочий», 1925.
8. **Страна советская.** Тифлис, «Советский Кавказ», 1925.
9. **Персидские мотивы.** М., «Современная Россия», 1925.
10. **Собрание стихотворений** (В 4-х т.). М.—Л., Госиздат, 1926—1927.
11. **Стихотворения.** М., Гослитиздат, 1934.
12. **Стихотворения.** Л., «Советский писатель» (Б-ка поэта, мал. серия), 1940.
13. **Избранное.** М., Гослитиздат, 1946.
14. **Собрание сочинений.** В 5-ти т. М., Гослитиздат, 1961—1962.
15. **Отчее слово.** М., «Советская Россия» (Писатели о творчестве), 1968.
16. **Собрание сочинений.** В 3-х т. М., «Правда» (Б-ка «Огонек». Б-ка отечеств. классиков), 1970.

17. **Плеск голубого ливня.** М., «Молодая гвардия», 1975, 2-е изд.— 1978.
18. **Собрание сочинений.** В 6-ти т. М., «Художественная литература», 1977—1980.
19. **Сердцу снится май.** Стихи о любви. Пермь, Кн. изд-во, 1985.
20. **Стихотворения.** М., «Художественная литература» (Русская муза), 1987.

ЛИТЕРАТУРА О ЖИЗНИ И ТВОРЧЕСТВЕ С. ЕСЕНИНА

1. **Сергей Александрович Есенин.** Воспоминания. М.—Л., Госиздат, 1926.
2. **Наседкин В.** Последний год Есенина (Из воспоминаний). М., «Никитинские субботники», 1927.
3. **Вержбицкий Н.** Встречи с Есениным. Воспоминания. Тбилиси, «Заря Востока», 1961.
4. **Воспоминания о Сергее Есенине.** М., «Московский рабочий», 1-е изд.— 1965; 2-е изд.— 1975.
5. **С. А. Есенин в воспоминаниях современников.** В 2-х т. М., «Художественная литература», 1986.
6. **Жизнь Есенина.** Рассказывают современники. М., «Правда», 1988.
7. **Зелинский К.** Сергей Есенин. В кн.: З е л и н с к и й К. В изменяющемся мире. М., «Советский писатель», 1969.
8. **Наумов Е.** Сергей Есенин. Личность. Творчество. Эпоха. Л., Лениздат, 1969.
9. **Юшин П.** Сергей Есенин. Идейно-творческая эволюция. Изд-во Московского университета, 1969.
10. **Марченко А.** Поэтический мир Есенина. М., «Советский писатель», 1972.
11. **Есенин и современность.** М., «Современник», 1975.
12. **Волков А.** Художественные искания Есенина. М., «Советский писатель». 1976.
13. **С. А. Есенин.** Эволюция творчества. Мастерство. Рязань, 1979 (Рязанский гос. пед. ин-т).

14. **Актуальные проблемы современного есениноведения.** Рязань, 1981 (Рязанский гос. пед. ин-т).
15. **С. А. Есенин. Творческая индивидуальность. Художественный мир.** Рязань, 1982 (Рязанский гос. пед. ин-т).
16. **С. А. Есенин. Поэзия. Творческие связи.** Рязань, 1984 (Рязанский гос. пед. ин-т).
17. **Кошечкин С. Весенней гулкой ранью...** Этюды-раздумья о Сергее Есенине. М., «Детская литература», 1984.
18. **В мире Есенина.** Сб. статей. М., «Советский писатель», 1986.
19. **Прокушев Ю.** Сергей Есенин. Образ. Стихи. Эпоха. М., «Современник», 1986.
20. **Венок Есенину.** М., «Советская Россия», 1988.

СОДЕРЖАНИЕ

Сергей Кошечкин. Быть поэтом... 5

Стихотворения и поэмы

«Гой ты, Русь, моя родная...» 17
«Черная, пото́м пропахшая выть!..» 18
«Край ты мой заброшенный...» 19
«Выткался на озере алый свет зари...» 20
В хате 21
Русь 23
«В том краю, где желтая крапива...» 27
«Наша вера не погасла...» 29
Песнь о собаке 30
«За темной прядью перелесиц...» 32
«Устал я жить в родном краю...» 34
«Не бродить, не мять в кустах багряных...» . . 36
«Я снова здесь, в семье родной...» 38
«Запели тесаные дроги...» 39
«Не напрасно дули ветры...» 40
«О Русь, взмахни крылами...» 41
«Разбуди меня завтра рано...» 44
«Я по первому снегу бреду...» 45
Кантата 46
«Я покинул родимый дом...» 47
«Закружилась листва золотая...» 48
«По-осеннему кычет сова...» 49
Сорокоуст 50
«Я последний поэт деревни...» 53
Хулиган 54
«Все живое особой метой...» 56

188

«Мир таинственный, мир мой древний...» 58
«Не жалею, не зову, не плачу...» 60
«Да! Теперь решено. Без возврата...» 61
«Снова пьют здесь, дерутся и плачут...» 63

Черный человек 65

«Эта улица мне знакома...» 72
«Мне осталась одна забава...» 74
«Заметался пожар голубой...» 76
«Ты такая ж простая, как все...» 77
«Пускай ты выпита другим...» 79
«Дорогая, сядем рядом..» 81
«Вечер черные брови насопил...» 83

Ленин. Отрывок из поэмы «Гуляй-поле» 84

«Годы молодые с забубенной славой...» 88
Письмо к матери 90
«Мы теперь уходим понемногу...» 92
Возвращение на родину 94
«Этой грусти теперь не рассыпать...» 98
Русь советская 100
«Издатель славный! В этой книге...» 104
Стансы 105
Баллада о двадцати шести 109
«Отговорила роща золотая...» 115
Сукин сын 116
«Низкий дом с голубыми ставнями...» 118
Русь уходящая 121
Письмо к женщине 126
Поэтам Грузии 130
Письмо от матери 133
Ответ 137

Из цикла «Персидские мотивы»

«Улеглась моя былая рана...» 140
«Никогда я не был на Босфоре...» 142
«Быть поэтом — это значит тоже...» 144

Мой путь	146
Собаке Качалова	152
«Несказанное, синее, нежное...»	154
«Заря окликает другую...»	156
«Синий май. Заревая теплынь...»	158
«Неуютная жидкая лунность...»	159
«Каждый труд благослови, удача!..»	161
«Я иду долиной. На затылке кепи...»	162
«Спит ковыль. Равнина дорогая...»	164
«Листья падают, листья падают...»	165
«Я красивых таких не видел...»	167
«Ты запой мне ту песню, что прежде...»	169
«В этом мире я только прохожий...»	171
«Снежная замять дробится и колется...»	172
«Синий туман. Снеговое раздолье...»	174
«Мелколесье. Степь и дали...»	175
«Цветы мне говорят — прощай...»	177
«Клен ты мой опавший, клен заледенелый...»	178
«До свиданья, друг мой, до свиданья...»	180
Примечания	181
Книги С. Есенина и литература о поэте	185

Есенин С. А.

Е 82 Стихотворения и поэмы / Сост., авт. вступ. статьи и примеч. С. П. Кошечкин.— М. : Мол. гвардия, 1989.— 189[3] с.— (XX век: поэт и время).

ISBN 5-235-00197-4

В сборник включены избранные произведения великого русского лирика Сергея Александровича Есенина (1895—1925). Вместе с лирическими стихами представлены «маленькие», как их называл сам автор, поэмы («Русь», «Сорокоуст», «Возвращение на родину», «Русь советская» и другие), поэма «Черный человек», а также отрывок из неоконченной поэмы «Гуляй-поле» — «Ленин».

Е $\frac{4702010202-149}{078(02)-89}$ 213—88 ББК 84Р7

ISBN 5-235-00197-4 (1-й з-д)

ИБ № 5758

ЕСЕНИН СЕРГЕЙ АЛЕКСАНДРОВИЧ

Стихотворения
и поэмы

Редактор
Г. Зайцев

Художественный редактор
Т. Погудина

Технический редактор
Т. Кулагина

Корректоры
Т. Пескова, Н. Овсяникова

Сдано в набор 13.05.88. Подписано в печать 16.02.89. Формат $60 \times 90^{1}/_{32}$. Бумага офсетная № 1. Гарнитура «Тип Таймс». Печать офсетная. Усл. печ. л. 6. Усл. кр.-отт. 12,13. Учетно-изд. л. 5,6. Тираж 200 000 экз. (1-й завод 100 000 экз.). Цена 50 коп. Заказ 1368.

Типография ордена Трудового Красного Знамени издательско-полиграфического объединения ЦК ВЛКСМ «Молодая гвардия». Адрес ИПО: 103030, Москва, Сущевская, 21.

ISBN 5-235-00197-4